정치적 올바름

한국의 문화 전쟁

정치적 올바름

강준만 지음

인물과
사상사

머리말
왜 자기과시를 위한
도덕은 위험한가?

　야구 용어 중에 '스탠드 플레이stand play'란 게 있다. 관중을 의식한 플레이 또는 관중에게 멋지게 보이려고 하는 과장된 플레이를 말한다. 쉽게 잡을 수 있는 공임에도 일부러 다이빙을 해서 잡음으로써 관중의 박수를 끌어낸다면, 그게 바로 스탠드 플레이다.

　stand는 grandstand를 줄여서 쓴 말이다. grandstand는 야구장 등의 지붕이 있는 정면 관람석을 말한다. 그 관람석의 관중을 염두에 둔 플레이라고 해서 생겨난 말인데, 영어에서 grandstand는 동사로도 쓰여 "관중을 의식한 플레이를 하다"는 뜻이다. 정치인이 인기 영합적인 언행을 하는 걸 가리키는 말로도 쓰인다.

웬 야구 용어 해설이냐고 의아해할 독자들이 있겠지만, 최근 번역·출간된 『그랜드스탠딩: 도덕적 허세는 어떻게 올바름을 오용하는가』라는 책을 소개하기 위해 불가피했음을 이해해주시기 바란다. 야구 선수의 스탠드 플레이에서 연상되는 것처럼, 그랜드스탠딩은 자기과시를 위해 도덕적 이야기를 하는 것을 말한다. 야구 선수의 스탠드 플레이는 관중을 즐겁게 만들어주지만, 그랜드스탠딩은 그렇지 않다. 그 부작용이 크고 심각하다.

이 책의 저자인 미국 철학 교수 저스틴 토시와 브랜던 웜키는 "그랜드스탠딩은 민주주의 정치에 막대한 해를 끼친다"며, "사람들이 정치 담론을 자신을 과대포장하는 장場으로 여기면, 그들의 이해관계는 사회문제의 해결이라는 목적과 자주 상충할 수밖에 없다"고 주장한다.[1]

디지털 혁명은 그랜드스탠딩의 폭발을 몰고왔다. 인터넷과 소셜미디어는 자신이 도덕적이고 정의로운 사람이라는 걸 세상에 알리는 무대가 되었기 때문이다. 색깔이 비슷한 사람들 위주로 끼리끼리 모이다 보니 인터넷과 소셜미디어는 "누가 더 도덕과 정의에 충실한 사람인가"를 겨루는 전쟁터가 되고 만다. 이는 '정치적 양극화'의 동력이 된다.

예컨대, 마음이 잘 맞는 진보주의자들과 수다를 떠는 경우를 가정해보자. 수다를 떨고 있는 사람 모두가 사신을 가난한 사람들에게 애정이 있는 사람이라고 생각한다면 어떤 일이 벌어질까? 누군가 도덕적으로 시간당 최저임금이 15달러여야 한다고 주장하면, 다른 누군가가 그것을 20달러로 제도화하는 것이 가난한 사람들을 더 신경을 쓰는 것 아니냐고 할 것이고, 이런 식의 논의가 진행되다 보면 어떤 결과가 나올지는 미루어 짐작할 수 있을 게다.

어디 그뿐인가? 이런 유형의 토론에선 "누가 더 경쟁 집단의 견해를 공격하고 경멸하는 데에 유능한가"를 겨루는 경쟁이 일어나기 마련이다. 이런 경쟁에선 상대편에 대한 반감을 강하게 잘 표현하는 강경파일수록 이길 가능성이 높아진다. 물론 경쟁 집단에서도 이와 유사한 일이 일어나기 때문에, 두 집단 간의 거리는 더 멀어지고 타협 가능성은 더 약해질 가능성이 높다.[2]

정치인들은 자신의 이념적 순수성을 과시하기 위해 타협을 거부하는 것을 자랑스럽게 드러내기도 한다. 예컨대, 미국 공화당 정치인 테드 크루즈는 상원의원에 처음 출마했을 때, 공화당 예비 선거에서 텍사스 군중을 향해 이렇게 외쳤다.

"여러분이 워싱턴에 가서 합심해 일하면서 타협을 하는 저명한 중도파를 찾는 것이라면 나는 분명 아니올시다.⋯⋯나는 워싱턴에 필요한 것은 더 많은 타협이 아니라 더 많은 상식과 원칙이라고 생각합니다."[3]

이런 그랜드스탠딩이 광범위하게 일어나면 어떤 일이 벌어질까? 이 책에 소개된, 미국에서 2019년에 나온 한 연구 결과를 보자. 이 연구에 따르면 거대 양당 지지자의 40퍼센트 이상이 상대편을 "노골적인 악마"로 규정했다. 민주당 지지자의 20퍼센트, 공화당 지지자의 16퍼센트가 상대편 구성원들이 "그냥 다 죽어버리면⋯⋯한 국가로서 더 나을 것이라 생각한다"고 대답했다. 민주당 지지자의 18퍼센트와 공화당 지지자의 14퍼센트가 2020년 대통령 선거에서 이길 수만 있다면 폭력도 괜찮다고 답했다.[4]

어찌 그럴 수가 있단 말인가? 그런 끔찍한 생각을 할 때에 마음이 불편하지 않았을까? 그래서 나온 게 바로 그랜드스탠딩이다. 스스로 자신을 도덕과 정의의 화신인 양 여길 수 있게끔 도덕과 정의의 담론을 끊임없이 구사해야 한다. 그래야 마음이 편해진다.

그런데 바로 이게 갈등을 악화시킨다. 정치적 쟁점이 도덕과 정의의 문제가 될수록 사람들이 그 쟁점에서 타협할 가능성이 줄어들기 때문이다. 도덕과 정의는 얼른 듣기엔 아름답지만, 그게 현실과 동떨어질 정도로 과장되면 끝없는 분란의 씨앗이 되고 만다. 이렇듯 자기과시를 위한 도덕은 위험하다.

서울대학교 철학과에서 8년간 유학한 일본 철학자 오구라 기조는 『한국은 하나의 철학이다』(2017)라는 책에서 "한국 사회는 사람들이 화려한 도덕 쟁탈전을 벌이는 하나의 거대한 극장이다"고 했다.[5] 한국이 비교적 그랜드스탠딩이 발달한 사회라는 말일 텐데, 기분이 썩 좋지는 않을망정 그랜드스탠딩의 폐해에 대해 한 번쯤 진지하고 심각하게 생각해볼 필요가 있지 않을까?

그랜드스탠딩에 관한 이야기는 사실상 '정치적 올바름Political Correctness, PC'에 관한 이야기다. PC는 사회적 약자와 소수자에 대한 차별적 언어 사용이나 활동에 저항해 그걸 바로잡으려는 운동 또는 그 철학을 가리키는 말이다. PC의 핵심 콘텐츠는 도덕이다. 그러니 자기과시를 위한 도덕이 위험하듯, 자기과시를 위한 PC도 위험할 수밖에 없다.

나는 이 책에서 그런 이야기를 해보련다. 이미 한국에서도 PC를 둘러싼 찬반 논쟁과 논란이 뜨거우며, 앞으로 더욱 뜨거워질 것이기에 이건 결코 피해갈 수 없는 문제다. PC의 모태母胎가 된 다문화주의multiculturalism는 이제 우리에게도 더는 낯선 개념이 아니기에 더욱 그렇다.[6] 2020년 다문화 가정에서 태어난 아이는 전체 출생아 100명 중 6명 꼴이었으며,[7] 2022년 5월 현재 국내 체류 외국인은 201만 명을 기록했다.[8]

PC는 그 실체에 비해 과대평가된 현상이 아니냐는 의문을 가질 수도 있겠다. 실제로 프랜시스 후쿠야마는 『존중받지 못하는 자들을 위한 정치학: 존엄에 대한 욕구와 분노의 정치에 대하여』(2018)에서 "정치적 올바름을 극단적으로 강조하는 것은 좌파 진영에 있는 비교적 소수의 작가, 예술가, 학생, 지식인들이다"며, "그런데 보수 언론에서는 이들의 주장을 가져다가 좌파 전체를 대변하는 목소리로 확대 해석한다"고 말한다.[9]

그렇게 볼 수도 있겠지만, 공적 담론의 영역에 미치는 영향력을 머릿수만으로 계산할 수는 없는 일이다. 극소수의 사람들이 정치판을 좌지우지하는 '1퍼센트 법칙'을 상기할 필요가 있다.[10] 우리는 문재인 정권 시절의 '팬덤 정치'를 통해, 그리고 그 뒤를 이은 이재명의 '팬덤 정치'를 통해 '1퍼센트 법칙'의 문제와 한계를 질리도록 목격해오지 않았던가? 그러니 "그까짓 PC"라고 가볍게 여길 일이 아니다.

PC를 둘러싼 찬반 논쟁과 논란에서 나는 어느 한쪽의 편을 들기보다는 양쪽의 소통 가능성을 모색하고 그걸 진작시키는 데에 관심이 있다. 이 책을 쓰는 데에 자극이 된, 내가 2018년에 발표한 논문의 제목도 「'정치적 올바름'의 소통을 위하여: '자유·위선·계급'의 3대 쟁점을 중심으로」였다. 이 책 직전에 출간한 『엄마도 페미야?: 젠더 갈등과 세대 갈등의 소통을 위하여』라는 책도 '이대남과 페미니즘의 화해'를 주선하기 위한 것이었듯이, 나는 소통에 관심이 많다.

이른바 '정치적 양극화'가 극단적 상황으로 치닫고 있는 현실에 비추어 '소통'과 '화해'는 인기가 영 없는 주제가 되고 말았지만, 그렇다고 모두 다 양극화 선동가들의 '스탠드 플레이'에 놀아날 수만은 없는 일 아닌가? 우리 모두 시인 정호승의 시「창문」을 같이 음미해보는 게 어떨까? "나는 세상의 모든 창문이 닫기 위해 만들어진 게 아니라 열기 위해 만들어졌다는 것을 아는 데에 평생이 걸렸다."[11]

2022년 9월
강준만

차례

머리말 » 왜 자기과시를 위한 도덕은 위험한가?… 4

제1장 » '정치적 올바름'의 소통을 위하여

'정치적 올바름'이 촉발한 '문화 전쟁'… 17 ● PC는 '나치 돌격대의 사상 통제 운동'인가?… 21 ● PC의 연구 주제와 언론 보도 주제의 다양성… 25 ● '자유, 위선, 계급'이라는 PC의 3대 쟁점… 28 ● 자유 : '소극적 자유'와 '적극적 자유'의 갈등… 32 ● "자유는 건전한 절제를 전제로 한다"… 37 ● 위선 : '말과 행동의 괴리'로 인한 갈등 … 40 ● 고소득·고학력 좌파가 주도하는 PC… 45 ● 계급 : '정체성 정치'와 '계급 정치'의 갈등… 48 ● PC를 통제하는 브레이크는 여론이다… 52 ● '인간에 대한 예의'를 지키는 PC… 56

제2장 » 왜 싸이의 '흠뻑쇼' 논쟁이 뜨거웠는가?

'외눈박이', '성적 수치심', '~린이' 표현을 쓰지 마라… 63 ● 배우 이엘과 작가 이선옥의 논쟁… 67 ●『경향신문』과 『중앙일보』의 시각 차이… 70 ● '도덕적 우월감' 없는 문제 제기는 가능한가?… 72 ● "슬랙티비즘은 사회 참여 첫걸음이다"… 75 ● 좌파 지식인들의 PC 비판… 78 ● PC 언어가 잔혹한 현실을 은폐한다면?… 80

제3장 » **'정치적 올바름'의 생명은 겸손이다**

'정치적 올바름', 겸손하면 안 되나?… 85 ● 좌파이자 동성
애자인 사람이 왜 PC를 반대하나?… 88 ● "파멸하지 않으
려면 이분법 광기를 멈춰야 한다"… 91 ● 지금까지 즐겨온
농담을 할 자유의 침해… 93 ● '장애우'는 '누군가의 가슴
에 비수를 꽂는 망언'인가?… 97

제4장 » **SNS가 규제하는 '유치원 국가'가 좋은가?**

'정치적 올바름'의 변질 과정… 105 ● '안전'의 '은밀한 개
념 확장'… 108 ● 소셜미디어의 포로가 된 i세대… 110 ●
"어린이에 해를 끼치고 분열을 조장하는 페이스북"… 112
● 소셜미디어의 '가해자 지목 문화'… 116 ● "학생들의 나
약함을 신성시하는 분위기"… 119 ● "학생들은 반드시 만
족시켜야 하는 소비자"… 121

제5장 ≫ '마이크로어그레션'과 '가해자 지목 문화'

'끔찍한 고문'의 잔치판이 된 명절… 127 ● 미국에서 아시안에 대한 미묘한 차별… 129 ● 동성애자·트랜스젠더 차별… 132 ● 미세먼지처럼 해롭고 만연한 '먼지 차별'… 134 ● '의도'를 완전 무시해도 괜찮은가?… 137 ● SNS가 부추긴 '가해자 지목 문화'… 140 ● 표현의 자유를 억압하는 캠퍼스 문화… 143 ● '피해자 의식 문화'를 넘어서… 145

제6장 ≫ '언더도그마'와 '약자 코스프레'의 악순환

약자는 늘 선하고 고결한가?… 153 ● 왜 9·11 테러리스트들의 '용기'를 거론하나?… 155 ● '샤덴프로이데'는 인간의 보편적 특성인가?… 158 ● 이준석이 장애인 시위에 제기한 '언더도그마'… 160 ● '약자 코스프레'와 '피포위 의식'… 164 ● 권력 재생산을 위한 '피해자 서사'… 166 ● '약자 코스프레'의 탐욕인가?… 168 ● "모두가 누군가에게는 언더도그다"… 171

주… 174

제1장

'정치적 올바름'의

소통을 위하여[1]

'정치적 올바름'이 촉발한 '문화 전쟁'

"이딴 개소리를 가래 뱉듯이 사방에 뿌려대는 PC충 꼴페미를 정신병원에 잡아 처넣어라."[2] 인터넷에서 페미니 즘을 옹호하는 기사만 떴다 하면 달리는 악성 댓글의 한 유 형이다. 'PC충'은 PC를 강조하는 사람을 비하하는 말로, 인기를 누리는 인터넷 유행어의 자리에 오른 지 오래다.

앞서 정의했듯이, PC는 다문화주의의 기치 아래 사 회적 약자와 소수자에 대한 차별적 언어 사용이나 활동에 저항해 그걸 바로잡으려는 운동 또는 그 철학을 가리키는 말이다. PC의 본고장이라 할 미국에선 이 운동이 처음 선을 보인 1980년대 초만 해도 잠깐 반짝했다가 곧 사라질 일시적인 유행쯤으로 가볍게 여긴 사람이 많았다지만, 그건 큰 착각이었다는 게 판명되는 데엔 오랜 시간이 걸리지 않았다. PC는 곧 미국 정치의 한복판에 들어서 격렬한 논쟁의 대상이 되었는데, 대체적으로 공화당은 반대, 민주당은 찬성을 하면서 '문화 전쟁Culture War'이라는 말을 탄생시킨 주요 동인動因이 되었다.

'PC충'이 인터넷 유행어가 되었다는 건 미국의 '문화 전쟁'이 드디어 한국에도 상륙한 건 물론 대중의 일상적 삶에 파고들었다는 걸 의미한다. 2022년 대선에서 발생한 '이대남 논쟁과 논란'도 그런 관점에서 이해할 수 있다. 다만, 한국에서 진행되는 PC 논쟁은 미국의 그것과 비교해 이른바 '문화 지체cultural lag'로 인해 더 혼란스러운 상황에 놓여 있다는 걸 짚고 넘어갈 필요가 있겠다.

문화 지체는 광의의 문화 요소들 사이에 변화의 속도가 달라 그 사이에 괴리가 생기는 현상으로 어느 나라에서건 나타나기 마련이지만, 한국은 강력한 독재 체제가 인위

적으로 특정 부문(정치·사회·문화)은 억누르고 특정 부문
(경제)은 키우는 '압축 성장'을 공격적으로 추진했기 때문
에 그렇게 하지 않았어도 발생했을 '문화 지체'가 더 증폭
된 형태로 나타난 나라다.

전근대·근대·탈근대적 요소가 동시에 공존하는 '비
동시성의 동시성the contemporaneity of the uncontemporary'도
미국에 비해 더 심하게 나타나고 있으며, 이는 한국 사회
내부의 사회문화적 논쟁과 토론을 매우 어렵게 만든다. 예
컨대, 인문사회과학은 학계 내부 경쟁과 인정 투쟁으로 매
우 높은 서양 의존도를 기록한 덕분에 선진적이지만, 문제
는 그것이 한국적 현실과 너무 동떨어져 있다는 데에 있다.

PC도 미국에선 수십 년간 실천되어왔고 그로 인한
부작용도 적잖이 노출되었기에 이념의 좌우를 떠나 비판
적 목소리가 나오는 건 당연한 일이지만, 사회적 운동으로
서 PC의 역사가 비교적 짧은 한국에서 그런 비판을 곧장
적용해도 좋은 건지는 의문이다. 2017년 9월 추석을 앞두
고 청와대 국민 청원 게시판에 올라온 "여성이 결혼 뒤 불
러야 하는 호칭을 개선하자"는 청원이 좋은 예다.

여성이 시가 식구를 부를 때 호칭은 남편의 형은 아주버님, 남동생은 서방님, 미혼 남동생은 도련님, 누나는 형님, 여동생은 아가씨 등으로 대부분 '님'자가 붙거나 존대의 의미가 포함되어 있다. 반면 남성이 처가 식구를 부를 때 쓰는 호칭은 아내의 오빠는 형님, 언니는 처형, 남동생은 처남, 여동생은 처제 등으로 일부를 빼면 '님'자가 붙지 않거나 존대 의미가 없다. 한 국어학자는 "결혼한 여자가 남편의 여동생이나 남동생을 부를 때 사용하는 '아가씨'와 '도련님'은 과거 종이 상전을 높여 부르던 호칭"이라며, "오빠의 아내를 지칭하는 '올케'는 '오라비의 겨집(계집의 옛말)'에서 유래한 호칭이다. 여필종부의 문화를 내포하고 있다"고 지적했다.[3]

이 청원은 '여필종부女必從夫'의 문화를 바꾸자는 취지인데, 아직도 그런 문화가 건재한 사회에 적어도 '여필종부'만큼은 넘어선 서양에서 이루어지는 PC에 대한 비판적 담론을 곧장 적용하는 게 온당할까? 이 글은 그런 문제의식에서 출발해 혼란스러운 상황에 놓여 있는 PC의 3대 쟁점을 탐구함으로써 이 논쟁의 원활한 소통에 기여하고

자 한다. 그 3대 쟁점은 자유, 위선, 계급이라는 키워드로 요약할 수 있다. 미국에서 벌어진 '문화 전쟁'과 그간의 연구 동향을 살펴본 후에 이 3대 쟁점에 대해 논하고자 한다.

PC는 '나치돌격대의 사상 통제 운동'인가?

PC라는 용어의 기원에 대해선 여러 설이 있어 무어라고 단정 짓긴 어려우나, 현재 미국에서 사용되고 있는 용법의 기원은 1960년대 미국 신좌파의 애독서였던 마오쩌둥의 『작은 빨간 책Little Red Book』에 나오는 '올바른 생각correct thinking'이라는 개념에서 비롯된 것이라는 설이 유력하다.

당시 신좌파는 PC를 교조주의에 대한 주의를 환기시키기 위해 독선적인 동료의 과격함을 지적하는 일종의 농담으로 사용했지만, 우파는 좌파를 비난하기 위한 목적으로 PC를 '좌파의 대학·문화계 장악 프로그램'으로 재정의해 사용함으로써 사실상 오늘날 사용되는 용법의 토대를

만들었다.⁴

세월이 흐르면서 진보좌파도 PC라는 용어를 쓰게 되었지만, 그들에게 PC는 '대학·문화계 장악 프로그램'이 아니라 '소수자의 인권 보호 프로그램'이었다. 진보좌파가 추진한 PC 운동은 1980년대에 미국 각지의 대학을 중심으로 전개됨으로써 성 차별적·인종차별적 표현을 시정하는 데에 큰 성과를 거두었다.

또한 PC 운동은 그간 대학에서 가르쳐온 '위대한 책'이니 '걸작'이니 하는 것들이 모두 서구 백인들의 문화유산이었음을 지적하면서 소수 인종 문학 텍스트도 가르치고 배워야 한다고 주장했으며, 그 연장선상에서 소수 인종 교수 채용과 학생 모집, 교과과정 개편을 위해 노력했다. 또 PC 운동은 나이에 대한 차별ageism, 동성연애자들에 대한 차별heterosexism, 외모에 대한 차별lookism, 신체의 능력에 대한 차별ableism 등 모든 종류의 차별에 반대했다.

그러나 1980년대 후반부터 보수파의 반격이 시작되었다. PC 운동은 전통이나 관습에 대해 적대적이었기 때문에 보수주의자들이 싫어하는 건 당연한 일이었는지도 모른다.[5] 앨런 블룸의 『미국 정신의 종말The Closing of the American Mind』(1987)을 필두로 하여,[6] 보수 지식인들은 주로 출판 활동 등을 통해 PC 운동이 표현의 자유를 억압한다는 점을 중심으로 맹공을 퍼부었다. 이런 반격의 연장선상에서 급기야 공화당 소속 대통령까지 나섰다.

1991년 5월 4일 조지 H. W. 부시는 미시간대학의 졸업식 연설의 대부분을 PC 운동을 비난하는 데에 할애함으로써 'PC 운동'을 둘러싼 논란을 격화시켰다. 부시의 연설 직후 텔레비전 방송사들이 앞다투어 각종 PC 특집 방송을 내보내기 시작하면서 PC에 관한 논쟁·논란 붐이 일어난 것이다. 그 결과 1991년 이전엔 미국 언론에서 PC라는 표현을 거의 찾아볼 수 없었으나 1990년대 중반에 이르러 매년 5,000번 이상 미국의 주요 일간지와 잡지에 등장했으며, 1997년 한 해에만 7,200번이나 사용되었다.[7]

이 시기에 이루어진 PC 비난은 주로 표현의 자유에 관한 것이었다. PC 반대자들은 PC 운동가들이 자신들의 운동에 반대하거나 공감하지 않는 사람들에 대해 '인종차별주의자'나 '성차별주의자'라는 딱지를 남용하는 경향이 있다며, 그런 행태가 죄 없는 사람을 공산주의자라고 부르는 것과 무엇이 다르냐며 '새로운 매카시즘'이라고 비난했다. 또 '미국의 역사상 표현의 자유를 보장하는 헌법 수정 제1조에 대한 가장 큰 위협', '나치돌격대의 사상 통제 운동', 'AIDS만큼 치명적인 이데올로기 바이러스' 등과 같은 비난과 더불어, PC 운동가들을 '언어 경찰language police', '사상 경찰thought police'로 비난했다.[8]

특히 PC 운동가들이 서구 백인들의 문화유산을 공격하고 나선 건 이념과 무관하게 많은 지식인을 분노하게 만들었다. 이탈리아의 움베르토 에코는 1990년대 후반에 이렇게 경고하고 나섰다. "억압받는 소수들의 권리를 보호하고 모든 형태의 인종차별에 반대하기 위해 미국에서 탄생한 '정치적 올바름'이 새로운 근본주의로 전환되려 하고 있다." 그는 "불행히도 '정치적 올바름'은 오늘날 아리스토텔레스를 가르치는 자를 비난하고, 도곤(아프리카 서부에 사는 종족) 신화를 가르치는 자를 높게 평가하고 있다"며, "그것은 또 다른 형식의 광신주의와 근본주의를 대변한다"고 비판했다.[9]

PC의 연구 주제와 언론 보도 주제의 다양성

PC 논쟁은 주로 표현의 자유를 중심으로 전개되었지만, 이념적 차이를 기반으로 한 문화 전쟁의 양상을 띠었기 때문에 그 어떤 해결이나 타협의 지점을 찾기는 어려운 일이었다. 그래서 PC 연구도 동어반복의 한계를 넘어서긴 어려웠지만, PC가 미국을 넘어서 전 세계적으로 확산되면서 연구는 계속 활발하게 이루어졌다.

2000년대 들어 나온 주요 연구들은 표현의 자유,[10] 미디어,[11] 집단 커뮤니케이션,[12] 교육,[13] 페미니즘,[14] 종합적 평가,[15] 국제 커뮤니케이션,[16] 사상적 배경,[17] 심리,[18] 대응 방안[19] 등 다양한 주제를 다루었다. 여기에서 주목할 것은 2016년 미국 대선을 기점으로 PC 연구가 새로운 국면을 맞게 되었다는 점이다. 공화당 후보 도널드 트럼프가 PC 운동가와 지지자들의 '위선'을 집중 공격함으로써 이전에 비해 훨씬 공격적인 입장을 취하게 된 것이다.

한국에서 PC는 1990년대 중반 영문학자 김성곤에 의해 처음으로 소개되었지만,[20] 이에 관한 본격적인 연구는 2010년대부터 시작되었다. 연구 주제별로 살펴보면 문학,[21] 언어,[22] 페미니즘,[23] 총론적 소개·분석,[24] 미디어,[25] 정치,[26] 다문화주의[27] 등의 연구를 들 수 있다. 가장 눈여겨볼 점은 PC에 대한 본격적인 진보적 비판의 등장이다.[28]

언론의 PC 논쟁 보도도 증가 추세를 보였는데, 주제로는 여성, 문제 제기의 대상으론 언어 사용의 문제를 둘러싸고 벌어지는 논쟁이 많았다. PC 개념을 내세우지 않는 문제 제기의 역사는 오래되었지만, 최근의 문제 제기는 PC를 전면에 내세우면서 이전에 비해 적극적이라는 차이가 있었다. 2017~2019년 3년간 언론에 보도될 정도의 주목을 받은 주요 PC 관련 사건들은 다음과 같다.

소설가 김훈의 『공터에서』라는 작품에서 묘사된 유아 성기 논란(2017년 2월), 문학에서 PC에 대한 찬반 논쟁(2017년 3~4월), 액션 RPG 〈매스이펙트: 안드로메다〉의 PC 묘사 논란(2017년 3월), 대한민국 헌법 공식 영문본의 남성형 명사·대명사 사용 논란(2017년 10월), '네이버 어학사전'의 성차별·여성 혐오 예문 범람 논란(2017년 10월), 인기 동요 애니메이션 〈상어 가족〉의 약육강식 논리 논란(2018년

1월), 드라마 〈나의 아저씨〉에 대한 '여성 혐오' 논란 (2018년 3~5월), 예멘 난민 사태를 둘러싼 PC 논쟁(2018년 6월), 수입 영화 〈로코〉에 대한 PC 논쟁(2018년 7월), 서울시 여성가족재단의 '성평등 언어사전' 캠페인(2018년 7월), 여성가족부의 성차별적 가족 호칭 개선안 발표(2018년 8월).

tvN의 예능 프로그램 〈짠내투어〉에서 여성 출연자에게 술을 따르게 한 내용에 대한 방송통신심의위원회의 경고 조치(2018년 10월), 서울시와 이화여대 국어문화원의 '차별어 없애기' 학술대회(2018년 10월), '저출산'을 '저출생'으로 바꿔 부르자는 주장에 대한 논쟁(2018년 10월), 장애인·여성·성소수자 등 사회적 약자에 대한 차별·혐오 표현이 남아 있는 법령에 대한 비판(2018년 10월), 안희정 무죄 판결을 둘러싸고 벌어진 PC 논쟁(2018년 10월), PC를 무기로 소설 내용을 비판하고 간섭하는 누리꾼들의 행태를 그린 구병모의 단편소설 『어느 피씨주의자의 종생기』 출간(2018년 11월).

코미디언이자 방송 작가인 유병재가 자신의 유튜브 채널에 올린 〈엄마 아빠는 PC충!〉이라는 영상물 논란

(2019년 1월), 여성가족부의 '걸그룹 외모 규제' 논란(2019년 2월), 여성가족부의 '초중고 성평등 학습 지도안 사례집' 성 편견 조장 논란(2019년 3월), 동아출판 중3 사회 교과서의 '부모 교육권 침해' 논란(2019년 4월), '기안84'의 웹툰 〈복학왕〉의 농인(청각장애인) 비하 논란(2019년 5월), 국가보훈처의 징손 개념 개정('장남의 장남'에서 '첫째 자녀의 첫째 자녀'로)(2019년 9월), "교가에서 예쁘다·늠름하다 빼라"는 인천시교육청의 양성평등 정책 논란(2019년 12월).

'자유, 위선, 계급'이라는 PC의 3대 쟁점

논쟁은 주로 이 사건들을 보도한 기사의 댓글란을 비롯해 인터넷과 소셜미디어 등을 통해 이루어졌지만, 논쟁의 형식만 취하지 않았을 뿐 PC 관련 칼럼도 많이 나오고 있었다. PC에 대한 비판은 크게 보아 두 가지 흐름을 보였다. 칼럼 등을 통한 실명 비판은 이론적·논리적으로 이루어지는 반면, 댓글 등을 통한 익명 비판은 "무슨 말인지는 알겠지만 지겹다, 짜증 난다"거나 PC의 내용보다는 PC를 주장하는 태도나 자세 등을 문제 삼아 감정적 반감을 표출하는 경우가 많았다. 언론은 이런 후자의 반응을 가리켜 'PC 피로증'이라는 말을 썼는데, 이는 공정하거나 중립적인 표현은 아니다. PC에 대한 이성적인 논쟁 자체를 회피하면서, PC를 비난하는 보호막 또는 피난처로 이용될 수 있기 때문이다. 그럼에도 PC 운동의 역사가 30년이 넘는 미국에선 'PC 피로증'이라는 말이 꽤 설득력 있게 받아들여졌다.

PC 비난을 전면에 내세웠던 트럼프의 선거 전략이 시사하듯이, 미국에서 'PC 피로증'은 중도층 유권자들은 물론 일부 민주당 지지자들에게도 존재했다. 2015년 10월 민주당 지지자들을 대상으로 이루어진 여론조사 결과가 그걸 잘 말해준다. "PC가 국가적으로 큰 문제"라는 진술에 동의한 사람은 62퍼센트나 되는 것으로 나타났다. 그 진술이 트럼프가 한 말이라는 걸 밝혔을 땐 동의율은 36퍼센트로 급감했지만, 응답자들의 정파적 반감을 감안하자면 'PC 피로증'이 매우 높은 수준이라고 볼 수 있다.[29] 2018년 예일대학 조사에선 심층 인터뷰를 한 3,000명 중에서 80퍼센트가 "PC가 문제"라는 부정적인 답변을 했다.[30]

미국 PC 운동의 공과에 대한 평가는 이런 부정적인 여론과 분리해 생각하기 어렵다. 나는 기본적으로 PC 운동의 취지와 당위성엔 동의와 지지를 보내면서도, 동의와 지지를 보낼 뜻이 있는 사람들까지 등을 돌리게 만드는 운동 방식의 문제엔 비판적인 입장을 취한다. 운동 방식의 문제는 과유불급過猶不及의 원리와 관련된 것으로 '인간에 대한 예의'라는 말로 압축해 지적할 수 있다. PC 운동이 애초에 '인간에 대한 예의'에서 출발한 것임에도 어떤 사람들이 그 예의를 지키지 않거나 소홀히 대한다는 이유로 그들에게 너무 거친 비판을 퍼부음으로써 '인간에 대한 예의'를 지키지 않는 건 자기모순이다.

너무 거친 비판은 주로 언어 본질주의 문제의 형식으로 나타난다. 누군가를 본질이 담긴 단어로 딱지 붙이기를 할 때에 언어는 곧잘 현실을 왜곡한다. 어떤 사람이 무심코 인종차별적인 발언을 했을 때 "그건 인종차별적인 발언이다"고 지적하는 것과 "당신은 인종차별주의자다"라고 말하는 것 사이엔 큰 차이가 있다. 그런데 PC에 근거한 비판은 곧잘 후자의 딱지 붙이기를 하는 경향이 있다.

이런 본질주의적인 딱지 붙이기는 일반 대중에게 필요 이상의 반발을 초래해 원래 의도했던 사회적 약자에 대한 보호에 막대한 지장을 주었을 뿐만 아니라 PC 운동을 일상적 삶의 '상식'을 무시하는 엘리트 중심의 운동으로 인식시키는 데에 큰 영향을 미쳤다. 더 나아가 이른바 '트럼프 현상'의 본질이라고 할 수 있는 반反엘리트 우익 포퓰리즘이 미국을 넘어서 서구 사회 전반에 영향력을 갖게 만드는 결과를 초래했을 가능성마저 제기되었다.[31]

어느 것이 먼저인지는 알 수 없지만, 미국 대중의 'PC 피로증'과 서양의 적잖은 진보좌파 지식인들이 PC 비판에 나선 것은 상호 무관하지 않을 것이다. 이들의 이런 PC 비판은 국내에서 이루어진 진보적 PC 비판에 적잖은 영향을 미친 것으로 보인다. 이는 이제부터 PC의 3대 쟁점을 탐구하면서 다루기로 하자. 자유, 위선, 계급이라는 키워드로 요약할 수 있는 3대 쟁점의 핵심을 하나씩 설명하자면 다음과 같다.

첫째, 자유는 'PC 논쟁'의 초기부터 제시된 우파의 반대 논리로, PC가 표현의 자유를 억압한다는 것이다. 이는 '소극적 자유'와 '적극적 자유'의 갈등이라는 관점에서 논의한다. 둘째, 위선은 PC의 지지자들이 말로만 떠드는 기득권 세력이라는 우파의 반대 논리로, '있는 그대로의 세상'을 인정하는 게 더 낫다는 것이다. 이는 '말과 행동의 괴리'로 인한 갈등이라는 관점에서 논의한다. 셋째, 계급은 PC가 빈부격차의 문제를 비롯한 계급 정치에 도움이 되지 않는다는 좌파의 비판 논리로, 분열로 귀결되는 '정체성 정치identity politics'를 자제하고 정치경제적 구조를 바꾸는 데에 힘을 집중해야 한다는 것이다. 이는 '정체성 정치'와 '계급 정치'의 갈등이라는 관점에서 논의한다.

자유 : '소극적 자유'와 '적극적 자유'의 갈등

PC는 표현의 자유를 침해하는 '새로운 매카시즘'이자 '나치돌격대의 사상 통제 운동'인가? 배리 글래스너는 이런 과장된 비난을 중심으로 한 일련의 반격이 작은 불안 요인을 뻥튀기하는 미국 특유의 '공포의 문화The Culture of Fear'의 산물이라고 주장한다.[32] 하지만 이런 종류의 비난이 미국에만 국한된 건 아니기에 미국 문화의 특수성만으론 설명하기 어렵다.

이 논란은 '소극적 자유negative freedom'와 '적극적 자유positive freedom'를 둘러싼 해묵은 논쟁과 맞닿아 있다. 소극적 자유는 남의 간섭과 방해를 받지 않고 원하는 대로 행동할 수 있는 권리가 보장되는 자유이며, 적극적 자유는 공동체 참여를 통해 자아실현을 할 수 있는 자유를 말한다.

이 분류를 제시한 이사야 벌린이 지적했듯이, 적극적 자유는 가치에 관한 일원론적 관점을 전제한다는 점에서 위험성을 내포하고 있다. 가치 일원론이란, "사람들이 믿어온 모든 적극적 가치들이 궁극적으로 양립 가능하며, 어쩌면 그것들 사이에 서로 밀접한 연관성이 있다는 확신"을 가리키는데, 이 관점에 따르면, "국가, 계급, 국민"이라는 주체가 이성이나 역사의 필연성이라는 이름 아래 진정한 자유의 목표를 설정하고 사람들로 하여금 그것을 자발적으로 수용하도록 강제하는 것이 얼마든지 가능해진다.[33] 이사야 벌린은 "단일 기준이 있다는 신념이 지성과 감성에게 공히 만족감을 주는 깊은 원천인 것으로 언제나 판명되어왔다"며, 그런 만족감의 유혹을 뿌리치기 어려운 것으로 보았다.[34]

PC에 대한 비판의 내부분은 비로 이 위험성을 지적하는 것으로 볼 수 있다. 하지만 소극적 자유에도 그에 못지않은 위험이 있다. 인자한 주인을 둔 노예가 아무런 간섭 없이 살아갈 수 있다는 이유만으로 자유롭다고 할 수 있는가? 이런 의문을 제기한 신新공화주의자들은 자유의 반대말은 간섭이 아니라 종속 혹은 지배라며, 소극적 자유도 적극적 자유도 아닌 제3의 자유로 '비지배 상태non-domination'를 강조하는 '공화주의적 자유'를 제시했다. 공화주의적 자유는 적극적 자유와 비슷해 보이지만, 어떤 일원론적 가치를 배제하면서 자의적 지배에서 해방되어 개인들의 이익과 목표를 추구하는 것을 자유로 본다는 점에서 차이가 있다.[35]

PC 논쟁은 공화주의적 자유의 개념을 인정할 수 있

느냐 하는 논쟁을 선행할 때에 생산적인 국면으로 이동할 수 있을 것으로 보이지만, 그간 제기된 PC 비판은 그런 논의 없이 PC가 가치 일원론에 경도된 적극적 자유를 주장한다는 점에 집중되고 있다. 선의로 해석한다면, 그런 비판은 지배와 예속을 판단하는 게 쉽지 않거나 불분명하다는 점에서 비롯된 것으로 보인다. 임정아가 잘 지적했듯이, "지배-예속의 관계가 자연스럽게 길들여질 경우, 예를 들어 가부장적 남편에 의해 자각 의식을 억압당한 여성의 경우에는 지배-예속을 말할 수 없고 규제도 할 수 없다".[36]

PC 운동가들이 보기에 어떤 사람이 지배-예속의 상태에 처해 있다 하더라도, 그 사람에게 그걸 무지를 깨우쳐 주는 방식으로 훈계하거나 주장한다면 반발을 불러일으킬 수밖에 없다. PC에 대한 반발의 상당 부분은 바로 그런 커뮤니케이션 방식에서 비롯된다. 이 점에서 그간 미국의 PC 운동이 경직성은 강했고 포용력은 약했다는 점을 부인하긴 어려울 것이다.

마크 트웨인이나 윌리엄 포크너처럼 인종차별에 비판적이었던 백인 작가들조차 인종차별주의자로 몰아 공격하는 일이 다반사로 일어났다. 특히 대학들이 시류에 편승해 앞다투어 PC를 학칙으로 만드는 '과잉 경쟁'을 한 것도 문제를 악화시키는 데 일조했다. 코네티컷대학은 '부적절한 웃음'을 금지시켰고, 듀크대학은 흑인 학생을 조롱하는 얼굴 표정을 찾아내기 위한 감시위원회를 조직했다. 미네소타대학은 성적 관심의 대상이 된다는 이유로 여학생들의 치어리더 활동을 금지시켰다. 치어리더 여학생들이 그렇지 않으며 자신들은 괜찮다고 반발하자 대학 측은 "그들은 자신들도 모르는 사이에 희생자가 되고 있기 때문에 그들의 의견은 중요하지 않다"고 반박했다.

여러 대학에서 PC 위반에 대한 규제와 징계를 하는 데 적용한 원칙에도 무리가 많았다. 예컨대, 누군가를 모욕할 의도가 없었다고 말하는 건 면책이 안 되었으며, 증거는 필요 없고 피해자의 진술만으로 충분했다. 미시간대학은 그간의 경험상 피해자가 거짓 진술은 하지 않는 법이라고 주장했다. 스탠퍼드대학에선 백인 학생이 흑인 학생에게 욕을 하는 건 안 되지만, 그 반대는 가능하다는 '스피치 코드'를 제정했다. 피해자의 특권이라는 이유에서였다.[37]

"자유는 건전한 절제를 전제로 한다"

PC 운동의 과잉은 반드시 자제되고 교정되어야 한다는 건 당연하지만, 문제는 그런 과잉이나 일탈이 PC 운동 자체에 내재된 것인가 하는 점이다. 그런 과잉은 '집단 극화group polarization'와 '정보의 폭포 현상information cascade'으로 설명할 수 있다.[38] 카스 선스타인은 "사회적으로 선호되는 견해를 지지할 뿐만 아니라 서로 비슷한 사고방식을 가진 사람들은 주로 서로 간에만 대화를 나눌 것이고, 이는 더욱 심한 극단주의로 이어질 수밖에 없다"며, "바로 이런 이유로, 많은 캠퍼스에서 정치적 올바름이 정말 극단적이고 때로는 심지어 터무니없는 수준까지 가기도 한다"고 말한다.[39]

그 결과 사회 전반에서 널리 공유되는 보수적이거나 온건한 입장을 주장하는 것이 점점 어렵다고 느끼게 된다는 것이다. 그런 느낌을 갖는 사람들은 자신의 자유가 억압당하고 있다고 생각하기 마련인데, 이게 바로 PC 운동을 비난하는 근거가 되는 것이다. 그런데 이런 현상은 모든 운동이 갖고 있는 속성이라고 보아야 하지 않을까? 민주화 운동에도 참여하지 않는 사람들에게 심리적 압박을 가하는 과잉과 일탈은 있었지만, 그 누구도 그런 이유 때문에 그 존재와 가치를 의심하진 않았듯이 말이다. 그런 과잉과 일탈은 디지털 미디어로 인해 증폭된 것인데, 디지털 미디어의 부작용은 모든 분야에 걸쳐 일어나고 있는 게 아닌가? 그런데 PC에만 그로 인한 문제를 PC가 떠맡아야 한다는 건 불공정한 게 아닌가?

미국에 비해 정도와 범위는 훨씬 약하지만, 한국에서도 PC 운동의 과잉에 대한 비판이 많이 나오고 있다. 그런 비판 중엔 타당한 것들도 있지만, 과잉의 정도가 심한 서구에서 나온 주장을 그대로 받아들여 '현실'과 '가능성'의 경계가 모호한 비판들도 있다. PC의 주제와 관련된 '종속 혹은 지배'의 상태를 비교 평가하면서 비판이 이루어진다면 소통의 가능성도 그만큼 높아질 것이다.

문강형준은 "정치적 올바름은 세상을 더 나은 곳으로 변화시키려는 의지를 가지고 있지만, 여기에 필요한 진리를 자신만 안다는 믿음 때문에 교조적 성향을 지니게 된다"고 했는데,[40] 사실 우리가 가장 경계해야 할 것이 바로 그런 교조적 성향이다. 그런 교조적 성향을 '종속 혹은 지배'의 상태에 대한 견해 차이와 표현의 방식으로 인한 문제로 재해석한다면, 좀더 구체적인 논의와 논쟁에 한 걸음 다가설 수 있을 것이다.

가치 일원론을 경계했던 이사야 벌린이 적극적 자유를 완전히 배제한 것은 아니었다는 점도 고려할 필요가 있겠다. 벌린이 적극적 자유에 비해 소극적 자유를 자유 개념의 핵심으로 삼은 이유는 역사적으로 볼 때 적극적 자유에 대한 옹호가 오히려 자유에 대한 지배로 전도되는 경우가 많은 데 비해 소극적 자유는 그런 경우가 훨씬 더 드물다는 점이었다.[41]

1997년 영국 총리 토니 블레어가 사망 직전의 벌린에게 소극적 자유와 적극적 자유의 구분에 관한 편지를 쓴 것도 적극적 자유를 완전히 배제할 수는 없지 않느냐는 뜻에서였다. 벌린은 적극적 자유라는 개념을 여러 가지 다양한 의미로 사용했는데, 그중 몇 가지만이 전체주의적인 경향성을 갖고 있었다. 블레어가 적극적 자유 개념을 옹호한 것도 전체주의적인 경향성이 없는 적극적 자유도 있다는 이유 때문이었다. 블레어가 옹호한 적극적 자유 개념은 유럽과 북미의 중도좌파에 핵심적인 역할을 했다.[42]

필요하지만 위험의 가능성이 높은 일에 필요한 것은 절제이지 금지는 아닐 것이다. "자유는 건전한 절제를 전제로 한다"는 건 누구다 다 동의하는 상식이지만, 우리가 일상적 삶의 작은 일에서조차 자주 절제하지 못하듯이, 절제란 결코 쉬운 일이 아니다. 그래서 평등을 위한 자유를 시도해보기도 전에 자유와 평등은 양립하기 어렵다는 결론을 서둘러 내리는 경우가 많다. 그럼에도 인류 역사가 자유와 평등을 추구해온 긴 여정이었던 만큼 둘을 양립시키기 위한 노력은 앞으로도 계속될 것이다. 절제는 PC에 대한 찬반 양측 모두에게 필요한 것으로 보인다.

위선 : '말과 행동의 괴리'로 인한 갈등

2016년 미국 대선에서 공화당 후보 트럼프는 미국

인들이 PC에 진절머리를 내고 있음에도 감히 그걸 입 밖에 내지 못하고 있다며, 자신이 그들의 대변인 노릇을 하겠다고 나섰다. 그는 올바른 당위를 역설하는 PC를 제도화된 사기 행각으로 간주하면서 '있는 그대로의 세상을 말하는telling it like it is' 것을 자신의 정치적 자산으로 삼았다. 지지자들은 트럼프의 그런 '솔직함'에 열광했고, 이는 트럼프의 대통령 당선에 크게 기여했다.

그런데 문제는 자신이 '있는 그대로의 세상을 말하는' 화법의 공격 대상이 되었을 때도 그걸 지지할 수 있느냐 하는 점일 게다. 『뉴욕타임스』 칼럼니스트 브렛 스티븐스는 2015년 1월 자신의 트위터에 "모욕할 권리가 가장 소중한 권리이다. 그것이 없다면 언론의 자유는 무의미하다"고 썼다.[43] 그러나 그는 막상 자신이 모욕을 당하자 감정적 폭발 등 과잉 반응을 보였다. 이에 대해 에즈라 클라인은 다음과 같이 말했다.

"모욕할 권리는 소중할 수 있지만, 끝없는 모욕의 경험은 치명적이다. 스티븐스는 과거 『뉴욕타임스』에 글을 쓰면서 칼럼을 무기처럼 사용했고, 그를 비판하고 싶은 사람들은 회사에 항의 편지를 쓸 수밖에 없었다. 하지만 그런 날들은 지나갔다. 이 시대의 다른 많은 사람과 마찬가지로 스티븐스는 자신이 누려오던 권력을 계속 누리고자 했고, 권력에 대한 감각은 바뀌지 않았다. 스티븐슨이 자신이 당하게 된 괴롭힘에 반응하려 하자, 오히려 그가 괴롭히는 사람이었음이 증명됐다."[44]

언론인에겐 이런 역지사지易地思之의 경험을 주는 게 가능할지 몰라도 정치인에겐 기대하기 어렵다. 특히 트럼프처럼 후안무치厚顏無恥를 자신의 강점으로 삼는 정치인에겐 더욱 그랬다. 트럼프의 그런 선거 전략은 2017년 9월 독일 총선에도 도입되었다. PC에 결사반대하는 극우 정당인 '독일을 위한 대안AfD'은 지지율 12.6퍼센트로 국회 94석을 차지함으로써 많은 사람에게 큰 충격을 안겨주었는데, 이 정당을 이끈 알리스 바이델의 연설 단골 메뉴는 "정치적 올바름은 역사의 쓰레기통에 버려야 한다"는 것이었다.[45]

'있는 그대로의 세상'을 보자면, 미국이나 독일엔 인종차별이 엄연히 존재한다. 차별을 할 수 있는 위치에 있는 사람들의 마음속에 뿌리 깊게 자리 잡고 있다. 하지만 공식적인 사회적 차원에선 인종차별은 해선 안 되는 금기로 간주된다. 이런 경우에 솔직함이란 무엇을 의미하는가? 기존 제도와 사회적 합의를 무시하거나 그 파괴를 꿈꾸면서 차별을 수반하는 욕망을 자유롭게 표현하고 실천할 수 있는 자유인가?

이는 사실상 '위선'에 대한 철학적 문제이기도 하다. 근대의 이성 중심적 계몽주의가 언행 불일치로 인해 냉소주의를 확산시켰다고 주장하는 페터 슬로터다이크는 '뻔뻔함'을 새로운 철학적 사유 양식으로 제시함으로써 '급진 우파'라는 평가를 받기도 했지만,[46] 그의 주장에 동의하건 동의하지 않건 한 가지 생각해볼 점을 제시해준 건 분명하다.

비단 철학뿐만 아니라 공식적으로 발설되는 당위적인 삶의 기준에 맞춰 살려면 위선적이 될 수밖에 없다는 걸 뻔히 알면서도 우리는 그런 당위에서 벗어나는 사고와 행동을 비판하는 걸 당연하게 여긴다. 위선을 좋아한다고 말하는 사람은 없지만, 우리는 공적 영역에선 위선이 필요하다고 생각한다. 개인적으로 차별을 저지르는 사람일지라도 공개적인 자리에선 차별에 반대한다는 말을 한다. 우리는 그것이 문명인다운 예의라고 생각한다. 그래서 공적 영역에선 차별에 반대하는 아름다운 언어가 난무하지만, 온갖 영역에서 차별은 교묘하게 기승을 부리는 일이 일어나고 있다.

미국의 민주당 정치인들은 수사적 진보성을 전투적으로 드러내는 경향이 있는데, 이는 역으로 트럼프 현상의 토양이 되었다. 트럼프는 "가난한 사람들의 표에 의존하는 민주당은 그들을 가난하게 놔두면 계속 표를 얻게 된다. 슬픈 역설이다"고 조롱했다.[47] 그는 미국에 재앙을 초래한 주범으로 '말만 하고 행동은 없는all-talk, no-action' 정치인들을 지목했다. 트럼프는 자신과 기성 정치인들의 차이점은 자신은 행동을 하는 반면 기성 정치인들은 행동에 관한 말만 하는 것이며, 그들은 자신과 달리 진실을 듣고 싶어 하지도 않으며 국민에게 진실을 말하지도 않는 것이라고 주장했다.

고소득·고학력 좌파가 주도하는 PC

　그런데 이런 비판은 트럼프가 극단으로 밀어붙인 것일 뿐 민주당 내부에도 이른바 '리무진 리버럴'에 대한 비판의 형태로 존재했던 것이다. "지난 수십 년 동안 민주당이 끊임없이 저지른 죄악은 속물근성이었다"거나, 민주당 정치인들의 전형적 이미지를 "최고급 자동차를 몰고 다니고, 비싼 커피를 홀짝이고, 고급 포도주를 마시고, 동북부에 살고, 하버드나 예일대를 나온 리버럴"로 규정하는 내부 비판의 목소리가 나오고 있었던 것이다.[48]

　바로 그런 '리무진 리버럴'이 PC의 강력한 지지자라고 하는 사실은 PC에 위선의 굴레를 씌우는 데에 큰 기여를 했다. 앞서 거론한 예일대학 조사에서 PC 이슈를 주도하는 사람들은 전체 미국 인구의 8퍼센트로 고소득·고학력에 좌파 행동주의 성향을 지닌 백인들인 것으로 밝혀졌다. 연구원들은 "이들이 주도하는 PC 논쟁은 월세를 걱정하면서 사는 80%의 '탈진한 다수exhausted majority'에겐 멀고도 불편할 얘기일 뿐"이라고 진단했다.

한국은 어떤가? 있는 그대로의 한국 사회는 사실상 돈과 학벌이 지배하는 신분사회다. 하지만 그 신분 위계의 최상층에 있는 사람들도 감히 공식적으론 그걸 긍정할 수 없다. 그 위계를 공고히 하려는 시도를 공개적으로 할 수도 없다. 속마음을 숨기는 위선을 저질러야만 한다. 속어로 널리 쓰이는 '강남 좌파'는 그런 신분사회를 전제로 한 이념·당파성 투쟁을 냉소하는 용어이기도 하다.

그간 그런 위선은 어느 정도 필요악으로 간주되어왔지만, 최근 들어 그런 위선을 저지르지 않겠다는 듯, 있는 그대로의 세상을 공개적으로 당당하게 말하고 실천하는 사람이 크게 늘었다. 오찬호의 『우리는 차별에 찬성합니다: 괴물이 된 이십대의 자화상』(2013)을 비롯해 최근 출간된 일련의 청년 문화 분석서들은 과거엔 은밀하게 사석에서나 나눌 수 있었던 이야기들이 디지털 커뮤니케이션 테크놀로지의 확산으로 공공 영역에 진출하여 무시할 수 없는 규모의 지지를 누리는 현상을 잘 보여주고 있다.[49]

사이버세계에서 좌우를 막론하고 널리 쓰이는 용어가 바로 '입진보'와 '선비질'인데, 이는 실천 없이 말로만 떠드는 것에 대한 반감의 표현이다. 이런 표현이 옳건 그르건, 행동 없는 위선에 대한 반감과 PC에 대한 반감은 무관하지 않다. PC 운동가들의 계급·학력 수준이 높다는 점을 지적하면서 PC는 그들이 도덕적 우월감을 느끼려는 '인정투쟁'에 지나지 않는다는 비판이 많이 나오고 있는 것은 결코 우연이 아니다.[50] PC를 먹고사는 문제가 해결된 사람들 사이에서 나타나는 '부자병'으로 보기도 한다. 위선은 적을수록 좋으며, 따라서 위선에 대한 비판은 왕성하게 하는 게 필요하다는 데엔 이의를 제기하기 어렵다.

그럼에도 약자와 소수자 차별에 대한 문제 제기가 문제를 제기하는 사람의 위선에 의해 부정될 수 있는 건 아니다. 말과 행동의 괴리는 PC의 등장 이전부터 오랜 쟁점이었다. 지성은 기본적으로 생각과 말의 영역에서 발휘되는 것이지 행동과는 거리가 있다. 행동과 실천을 과도하게 강조하는 것은 '반지성주의anti-intellectualism'로 흐를 위험이 있다. 물론 이미 정해진 답을 공격의 무기로 쓰는 과도한 PC 역시 반지성주의의 소지가 다분하다. PC 논쟁은 위선과 반지성주의 문제를 어떻게 볼 것인가 하는 더 근원적인

논쟁을 수반할 때에 소통 가능성도 높아질 것으로 보인다.[51]

계급 : '정체성 정치'와 '계급 정치'의 갈등

PC는 계급적 관점에서노 노선을 받고 있다. PC는 이념적으로 진보좌파적 운동으로 간주되어왔기에 보수우파보다는 진보좌파 쪽의 비판에 더 취약할 수밖에 없다. 이미 많은 진보좌파 이론가가 PC의 '도덕적 독선'의 문제를 지적해왔지만, 이런 비판은 조심스럽거나 우회적으로 이루어져왔다.[52]

하지만 계급의 문제를 앞세워 PC를 비판하는 대표적 이론가인 슬라보예 지젝은 PC를 경제적인 계급 불평등을 은폐하는 '부르주아 자유주의의 주요한 이데올로기적 방패'로 간주할 정도로 도발적이다.[53] 그의 PC 비판은 문화비평에서부터 성폭력 기준의 문제에 이르기까지 전방위적으로 이루어지고 있지만, 그의 최종 문제의식은 경제적 계급투쟁이다. 지젝은 PC는 "자본주의 세계 체계의 기본적

동질성은 손대지 않은 채 문화적 차이를 위한 싸움에서 대리 분출구를 발견한 것"이며, "PC 전투를 벌이고 있는 동안, 자본주의는 승리의 행진을 하고 있다"고 주장한다.[54]

지젝의 PC 비판을 국내에 심층적으로 소개한 복도훈은 "지젝의 비판이 한국 민주주의의 자유와 평등을 위한 최근의 담론 투쟁(문학 비평에서 사회운동에 이르는)에 얼마간 비판적인 지렛대를 제공할 것이라는 기대"를 표명하면서 "적어도 이를 성급하게 반동으로 치부하려는 반지성주의적 태도만 아니라면 공통의 사회적 의제를 마련하기 위한 논의는 지속될 수 있을 거라고 생각한다"고 말한다.[55] 이처럼 복도훈은 지젝의 주장을 대체적으로 긍정하면서도 조심스러운 자세를 취하는 반면, 문강형준의 PC 비판은 비교적 직설적이다.

문강형준은 PC가 '정의롭고, 깨끗하고, 올바른 상황만을 지향하는 문화적 경향'을 가리켜 '살균된 문화'라고 부르면서, 이는 '병든 문화의 다른 이름'이라고 비판한다. "표면적인 올바름과 건강함과 건전함과 미담 너머에 있는 체계적이고 구조적인 불평등을 보지 못하게 할 뿐 아니라,

무엇보다 그런 살균된 문화를 즐기는 '나' 자신이 얼마나 분열되고 모순적이고 오염된 존재인지를 잊게 만들기 때문"이라는 것이다.[56]

PC를 포함한 정체성 정치 전반에 대한 진보좌파적 비판도 많이 나오고 있다. 이런 비판은 인종, 성, 종교 등 여러 기준으로 분화되어 각 집단의 권리를 주장하는 정체성 정치가 경제적 정의의 문제를 도외시하면서 타협이나 협상엔 관심이 없고 '전부 아니면 전무'를 원하기 때문에 분열적이라는 점에 주목하면서 '우리'의 공통 미래에 관한 비전이 필요하다고 역설한다.

이런 계열의 대표적 비판자인 토드 기틀린은 정체성 정치가 극심한 빈부격차, 도시의 황폐화, 자원 낭비 등 진정한 사회 문제엔 침묵하는 결과를 낳고 있다며, "민주주의는 차이를 축하하기 위한 면허 이상의 것이다"고 말한다. 그는 정체성 정치를 시도하는 사람들이 각자의 독특성을 정당화시키는 이론 개발에만 주력할 것이 아니라 공동의 지식과 공동의 꿈을 추구해야 한다고 역설한다. 미국인들은 너무 오랫동안 문화적 경계에 따라 자신의 '참호'를 파왔는데 그런 '문화 전쟁'으로 인해 상호 격리되어 있고 고립되어 있음을 인식하고 이제는 '참호' 대신 '다리'를 건설하자는 것이다.[57]

정체성 정치에 대한 비판에 수긍하긴 어렵지 않지만, 경제에 집중하는 계급 정치와 인정에 집중하는 문화 정치라고 하는 상호 배제적 이분법이 올바른 문제 설정인지는 의문이다.[58] 계급과 인정, 경제와 문화는 상호 보완 관계라고 보는 게 옳지 않을까? 설령 둘의 관계가 양자택일을 요구한다고 하더라도, 문제는 정체성 정치가 날이 갈수록 심화되어온 빈부격차 문제에 전혀 대처하지 못한 계급 정치의 실패와 그런 실패에도 이론적 수준에서 여전히 계급 이외의 이슈 제기를 적대시하는 계급 정치의 독선과 오만으로 인해 나오게 되었다는 사실이다.

이는 한국을 보더라도 분명하다. 1980년대와 1990년대의 좌파 운동권에 '페미니즘'은 전혀 존재하지 않았다. 존재하지 않았을 뿐더러 운동권 내부에서 저질러진 성폭력마저 "'진보의 대의'를 위해 활동하는 운동 조직을 '적'의 공격으로부터 '보위'하기 위해 성폭력 사건이 조직 밖으로 알려져선 안 된다"는 이른바 '조직보위론'에 의해 철저히 은폐되었다. 2002년 대선 기간 중 개혁당 수련회에서 일어난 성폭력 사건이 "해일이 일고 있는데 겨우 조개나 줍고 있냐"는 논리에 밀려 은폐되었듯이, '조직보위론'은 2000년대에도 건재했다.[59]

그렇게 보위했던 조직이 빈부격차 해소에 기여하기는커녕 기존 보수 제도권 정치에 흡수되어 사라졌는데도 여성은 조직보위론의 연장선상에서 계급 정치에만 몰두해야 할까? 정체성 정치에 대한 계급 정치의 우위를 주장하기 위해선 그간의 무능과 과오에 대한 성찰이 선행 또는 병행되어야 하는 게 아닐까?[60]

PC를 통제하는 브레이크는 여론이다

정체성 정치는 계급 정치를 대체하는 거대 이론이 아니다. 일부 이론가들이 거대 이론으로 만들기 위한 시도를 한다 해도 그런 시도를 곧장 PC 비판의 논거로 삼는 것은 우도할계牛刀割鷄일 수 있다. 정체성 정치가 계급 정치를 대체할지도 모른다는 우려는 '미끄러운 비탈길의 오류fallacy of slippery slope'의 전형을 보여주고 있다. 이 오류는 일단 우리가 사람들의 언행을 사소하게나마 제한하게 되면, 사람들은 그런 제한에 익숙해지게 될 것이고, 그것은 개인의 자유를 더욱더 침해하는 다음 단계의 준비가 되는 토대를 쌓는 것이 된다는 논리 구조에 근거한다.

하지만 로버트 프랭크가 잘 지적했듯이, 사람들은 혼잡한 극장에서 불이 나지도 않았는데 '불이야!'라고 외치는 것을 금지하는 법의 필요성은 인정하겠지만, 여전히 계속해서 표현의 자유를 억제하는 그 이상의 시도에 대해서는 저항한다. 끝까지 쭉 미끄러져 내려가는 게 아니라 중도에 브레이크가 작동한다는 것이다.[61]

PC에서 그 브레이크는 바로 여론이다. 미국 인구의 다수가 PC를 부정적으로 보는 상황에서 PC의 영향력은 쇠퇴할 수밖에 없다. 이는 한국의 PC가 미국의 PC를 일정 부분 반면교사로 삼아야 할 이유이며, 또한 PC의 과잉과 일탈이 아무리 심하게 저질러진다 하더라도 그로 인해 '경

제적인 계급 불평등'이 은폐되거나 '살균된 문화'가 나타
날 가능성이 없는 이유다.

지젝은 PC의 위협을 과장하면서 현실 세계에 대한
개입을 강조하지만, 이는 그에게 부메랑이 될 수도 있다.
글과 말이 아닌 실제 행동을 강조하는 행동주의자들이 보
기엔 지젝 역시 여전히 '문화'의 영역에만 머무르고 있을
뿐 '정치'에 뛰어든 건 아니기 때문이다.[62] 어차피 혁명에
직접 뛰어들지 않았다는 점에서 같은 처지라면 PC를 전
면 부정하기보다는 정체성 정치와 계급 정치가 상호 협력
할 수 있는 방안을 모색하는 게 더 나을 것이다. 아니 이는
어떤 세상을 꿈꾸느냐의 문제일 것이다. '일말의 주저함도
없는 마르크스주의자'를 자처하는 지젝은 공산주의의 재
구성을 시도하면서 사회주의를 '공산주의에 대한 가장 큰
위협'으로 간주한다.[63]

그런 지젝에겐 PC뿐만 아니라 공산주의를 꿈꾸지 않
는 그 어떤 좌파적 주장이나 시도도 경제적인 계급 불평등
을 은폐하는 것에 지나지 않을 것이다. 이런 뚜렷한 목적
의식 때문에 지젝의 PC 비판은 자주 극단적 사례를 들어

'PC의 도착'을 고발하는 식으로 나타난다. "'보통' 사람들의 권리에 대한 무지막지한 침해는 무시하면서 연쇄살인범이나 전범 용의자의 권리가 침해받았을 때는 법석을 떠는 도착적 게임"을 비판하거나 덴마크에서 떠도는 PC 조롱("제3세계 국가 출신의 이민 노동자들과 섹스를 하는 것이 백인 여자의 윤리적·정치적 의무")을 'PC의 도착' 사례로 제시하는 식이다.[64]

지젝은 사회주의 비판의 연장선상에서 투기와 인도주의적 활동을 병행하는 조지 소로스와 같은 인물들은 "직접적이고 노골적인 시장 폭리자보다 이데올로기적으로 훨씬 더 위험하다"며, "우리가 레닌주의자가 되어야 하는 것은 바로 여기에서다"고 주장한다.[65] 한국에서 한때 일부 좌파가 진보적 자유주의자 공격에 더 열을 올렸던 것은 바로 그런 레닌주의 원칙에 따른 것이었는데, 좌파의 PC 비판에 대한 논의는 이 레닌주의 원칙에 대한 검증을 선행해야 하지 않을까? 이는 PC 비판의 이념적 층위를 따져보는 작업도 필요하다는 걸 시사해준다. 또한 모든 사회운동은 하나의 이념적 노선으로 통일되어야 하며 그 노선에서 이탈

한 운동은 비판해야 한다는 근본주의적 운동관에 대한 검증을 요구하는 것으로도 볼 수 있다.

'인간에 대한 예의'를 지키는 PC

사회적 운동으로서 PC의 역사가 이제 겨우 수년에 지나지 않는 한국에서 수십 년의 역사를 갖고 있는 미국을 비롯한 서구의 PC 비판 담론을 한국 사회에 적용해도 좋을까? 이 글은 그런 물음에서 출발해 혼란스러운 상황에 놓여 있는 PC의 3대 쟁점을 탐구함으로써 PC를 둘러싼 논쟁의 원활한 소통에 기여하고자 했다. 그 3대 쟁점은 자유, 위선, 계급이라는 키워드로 요약할 수 있다.

첫째, '소극적 자유'와 '적극적 자유'의 갈등의 문제다. PC 논쟁은 소극적 자유도 적극적 자유도 아닌 제3의 자유인 '비지배 상태'를 강조하는 '공화주의적 자유'를 인정할 수 있느냐 하는 논쟁을 선행할 때에 생산적인 국면으로 이동할 수 있다. 국내 PC 비판은 그런 논쟁 없이 PC 운동의 과잉이 심한 서구에서 나온 주장을 그대로 받아들여 '현실'과 '가능성'의 경계가 모호한 경향을 보인다. PC의 주제와 관련된 '종속 혹은 지배'의 상태를 비교 평가하면서 비판이 이루어진다면 소통의 가능성도 그만큼 높아질 것이다.

둘째, '말과 행동의 괴리'로 인한 갈등이다. 엘리트 계급의 언행 불일치로 인해 냉소주의가 확산된 가운데 PC는 단지 말뿐인 위선의 제도화에 지나지 않는다는 비판은 상당한 설득력을 갖고 있으나, 문제는 사회적 약자와 소수자 차별에 대한 문제 제기가 문제를 제기하는 사람의 위선에 의해 부정될 수 있는 건 아니라는 데에 있다. 행동과 실천을 과도하게 강조하는 것 역시 '반지성주의'로 흐를 위험이 있는바, PC 논쟁은 위선과 반지성주의 문제를 어떻게 볼 것인가 하는 더 근원적인 논쟁을 수반할 때에 소통 가능성도 높아질 것이다.

셋째, '정체성 정치'와 '계급 정치'의 갈등의 문제다. PC 운동이 기반하고 있는 '정체성 정치'는 사회 전체의 중요한 문제를 해결하는 데에 상당한 장애가 될 수 있지만,

문제는 정체성 정치가 날이 갈수록 심화되어온 빈부격차 문제에 전혀 대처하지 못한 계급 정치의 실패와 그런 실패에도 이론적 수준에서 여전히 계급 이외의 이슈 제기를 적대시한 계급 정치의 독선과 오만으로 인해 나오게 되었다는 사실이다. 이에 대한 성찰 없이 계급 정치의 필요성만 강조하기보다는 정체성 정치와 계급 정치가 상호 협력할 수 있는 방안을 모색하는 게 더 나을 것이다.

이 글은 이 세 가지 문제에 대한 논의를 통해 PC가 '빙산의 일각'처럼 더 근원적인 정치·경제·사회·문화적인 불평등에서 비롯된 갈등들의 일부만이 표면에 드러난 것임에도, PC 논쟁이 그 전모를 살피지 못함으로써 소통을 어렵게 만든다고 보았다. 따라서 PC 운동과 PC 비판 모두 주변의 큰 맥락을 살피지 못하는 이른바 '터널 비전 tunnel vision'의 함정에서 벗어나 '과잉'을 자제하면서 소통을 위한 노력을 해야 할 것으로 보인다.

서구의 PC 비판 담론을 활용한 국내의 PC 비판은 '시기상조'인가? 결코 그렇진 않다. PC의 주제와 관련된 '종속 혹은 지배'의 상태를 비교 평가하면서 좀더 섬세한 비판이 이루어지면 좋겠다는 것일 뿐, '시기상조'를 앞세워 논의 자체를 봉쇄하는 반지성주의적 행태는 경계해야 한다는 건 두말할 나위가 없다. 이와 관련, 나는 복도훈의 다음 주장에 전적으로 동의한다.

"누군가는 정치적 올바름과 정체성 정치에 대한 있을 수 있는 비판을 페미니즘에 대한 비평적 반동backlash과 성급하게 등치시키기도 한다. 물론 이러한 태도는 페미니즘을 정치적 올바름과 정체성 정치의 전술 전략의 평평한 결합으로 축소하면서 그에 대한 어떠한 비판도 허용치 않으려는 편협함과 옹졸함을 스스로 드러낸 것뿐이다. 대안적인 사회운동의 봉기에 적절한 때와 장소가 없는 것처럼, 그에 대한 있을 수 있는 비판에 대해서도 시기상조란 없지 않은가."[66]

서구의 PC 경험을 한국 실정에 맞게 활용해야 한다는 제안은 PC 운동가들에게도 적용된다. 나는 PC 운동을 비판적으로 지지하는 입장에서 PC 운동이 전체 사회와 여론의 지평을 살피는 전략적 사고를 해야 한다고 제안하고 싶다. 미국처럼 전반적인 여론이 PC에 대해 부정적 반응을 보이는 상황에선 운동의 동력을 얻기가 힘들어지기 때문이다.

이와 관련, '정체성 정치' 문제로 가장 치열한 고민을 해온 페미니즘 진영 내부에서도 이전과는 다른 목소리들이 나오고 있는 건 주목할 만하다. 차이를 갈등이 아닌 자원으로 삼고자 하는 니라 유발-데이비스의 '횡단의 정치 transversal politics',[67] 남성을 적으로 돌리지 않는 전략적 사고에 기반한 벨 훅스의 '모두를 위한 페미니즘' 등이 바로 그런 시도다.[68]

이런 전략적 사고는 페미니즘뿐만 아니라 PC의 전 분야에 걸쳐 활용될 수 있다. 지극히 옳고 정당한 문제 제기가 방법상의 과잉이나 절제의 결여로 비난과 조롱의 대상으로 격하되는 것은 정치적으로 전혀 올바르지 않다고 보아야 하지 않을까? PC 운동이 '인간에 대한 예의'를 철저하게 지키면서 왕성하게 전개되기를 희망한다. '인간에 대한 예의'를 지키지 않았기 때문에 PC 운동이 일어난 것인데, 그게 무슨 말이냐고 반문할 수도 있겠지만, 괴물과 싸우면서 괴물이 되는 걸 바람직하다고 볼 수 있겠는가?

제2장

왜 싸이의 '흠뻑쇼'

논쟁이 뜨거웠는가?

'외눈박이', '성적 수치심', '~린이' 표현을 쓰지 마라

(사례 1) 2021년 4월 20일 장애인의 날을 맞아 장애인 5명이 전·현직 국회의원 6명과 박병석 국회의장을 상대로 차별 구제 소송을 제기했다. 이들은 기자회견과 논평 등을 통해 '외눈박이 대통령', '절름발이 정책', '정신분열적 정부', '집단적 조현병', '꿀 먹은 벙어리' 등의 표현을 사용한 정치인들에게 100만 원씩 정신적 손해배상을 청구했고, 박병석 국회의장에는 이들을 징계할 수 있는 법적 근거를 마련해달라고 요청했다. 1년 후 서울남부지법 민

사13부는 정치인들의 이 같은 발언이 장애인 혐오 표현이 맞고, 장애인들이 상당한 상처와 고통, 수치심을 느꼈을 것이란 점은 인정했지만, 법적으로는 문제가 없다고 보았다. 명예훼손과 모욕은 피해자가 특정되어야 하는데 장애인이나 원고를 향한 발언이 아니었고, 장애인을 비하할 의도가 없었다는 것이다.[1]

(사례 2) 법무부 디지털성범죄 등 전문위원회(전문위)는 2022년 3월 24일 발표한 '성범죄 처벌 법령상 부적절한 용어 개정' 권고안에서 성폭력처벌법 등에 쓰인 성적 수치심 등 표현을 삭제하고 성 중립적 용어인 '사람의 신체를 성적 대상으로 하는' 문구로 대체해야 한다고 밝혔다. 성적 수치심이란 표현은 "왜곡된 피해자다움이 강요되거나 피해자의 주관적 감정이 범죄 성립 여부에 영향을 미친다는 오해를 일으킬 수 있다"는 이유에서였다. 전문위는 성희롱이라는 표현도 "성범죄를 희화화하고 범죄성을 희석할 우려가 높아 부적절하다"며, '성적 괴롭힘'으로 바꿔야 한다고 재차 권고했다.[2]

(사례 3) 국가인권위원회(인권위)는 2022년 4월 말

공공기관의 공문서, 방송, 인터넷 등에서 '~린이'라는 아동 비하 표현이 사용되지 않도록 문화체육관광부 장관과 방송통신심의위원회 위원장에게 적극적인 홍보와 교육, 점검 등 적절한 방안을 마련하라는 의견을 표명했다. 인권위는 "아동은 권리의 주체이자 특별한 보호와 존중을 받아야 하는 독립적인 인격체"라며, "여러 분야에서 '~린이'라는 표현을 사용하는 것은 아동을 미숙하고 불완전하다는 인식에 기반한 것"이라고 지적했다.[3]

(사례 4) "(인기 드라마 〈이상한 변호사 우영우〉에서) 국내 굴지의 양대 로펌인 '태산'과 '한바다'의 대표는 모두 여성이다. 몇 장면만 봐도, 작가가 스토리 전개상 불필요한 대사와 현실과 동떨어진 설정을 굳이 넣어 'PC(정치적 올바름 Political Correctness)'함을 의도한 것은 자명해 보인다. 일부 커뮤니티는 드라마 초반부터 이를 두고 '작가가 페미다', 'PC 묻었다'며 PC한 콘텐츠 자체가 문제가 있다는 식으로 비난했다.……그러나 PC함은 죄가 없다. 리모컨을 돌릴 때마다 남성 간의 권력 다툼, 고부 갈등, 재벌 이야기가 범람하는 세상에서 최소한의 PC함을 지키려는 노력을 평

가 절하하는 건 누구인가."[4]

　(사례 5) 2022년 8월 중순 〈이상한 변호사 우영우〉 14·15회에서 우영우가 위암 3기 판정을 받은 선배 변호사 정명석에게 '위암 생존율'이나 '사망' 등을 거듭 언급하는 장면이 문제가 되었다. 암 환우와 가족들이 소통하는 온라인 카페에서는 "계속 '곧 죽을지도 모르는 위암 3기' 하는데 처음으로 우영우가 밉게 보였다", "암 4기 환자 보호자인데 씁쓸하고 눈물이 났다. 그냥 앞으로 안 보려고 한다", "자폐는 편견 없이 다뤄야 하는 증상이고 암은 '곧 죽을지도 모르는'이라고 반복해서 말해도 되는 병이냐" 등의 반응도 나왔다.

　이에 대해 문화평론가 하재근은 "암을 겪고 있는 당사자나 가족들이 충분히 불편할 수 있는 대사지만 드라마라는 장르가 모든 사람들의 입장을 하나하나 반영할 순 없다"며, "드라마 캐릭터 중에 착한 사람, 나쁜 사람이 있듯 드라마 속 대사도 다양한 표현들이 나올 수 있다. 모든 상황과 입장을 고려하면 드라마란 장르 자체가 나오기 어렵다"고 했다.[5] 정신과 전문의 오진승은 이 드라마에서 현실을 잘 반영한 부분으로 자폐 스펙트럼을 앓는 주인공 우영우의 '눈치 없음'을 꼽았다.[6] 현실을 있는 그대로 잘 반영할 것인가, 아니면 PC를 위해 눈치 있는 우영우를 묘사하거나 아예 이런 장면은 다루지 말아야 하는가?

배우 이엘과 작가 이선옥의 논쟁

앞에 소개한 다섯 가지 PC 사례는 국가기관이 개입해 판결이나 권고를 내려주었거나 인기 드라마의 내용을 둘러싼 논란과 관련된 것이지만, 온라인에선 '만인에 대한 만인의 감시와 개입'이 이루어지고 있다고 해도 과언이 아닐 정도로 PC는 우리의 일상적 삶에 큰 영향을 미치고 있다. 싸이의 '흠뻑쇼'를 사례로 삼아 좀더 많은 이야기를 해보자.

싸이의 '흠뻑쇼'는 2011년 시작된 콘서트로, 관객석에 물을 뿌리는 콘셉트의 공연인데, 한 회당 300톤가량의 식수를 쓴다. 2022년 공연은 7월 9일부터 8월 27일까지 전국 각 지역에서 총 10회 열릴 예정이었는데, 이에 앞서 싸이가 방송에서 회당 300톤의 물이 든다고 말해 논쟁의 발단을 제공했다. 최악의 봄 가뭄에 농가들은 모내기를 시작도 못하거나 마실 물 부족을 겪기도 했다. 소양강 상류가 바닥을 드러낸 상태였던 6월 12일 배우 이엘이 자신의 SNS에 "(싸이의) 워터밤 콘서트 물 300톤 소양강에 뿌려줬으면 좋겠다"는 메시지를 올렸다.[7]

이 메시지를 두고 찬반 논쟁이 벌어지자 이틀 후인 14일 작가 이선옥은 자신의 SNS에 '이엘 사태로 보는 PC주의 운동의 특징'이라는 제목의 글을 올려 "이엘의 행동은 '가뭄에 물을 뿌리며 콘서트나 하는 개념 없는 타인에게 일침을 가하는 정의로운 나'에 대한 과시에 가깝다"고 지적했다.

이선옥은 "PC주의자들은 변화를 위한 행동보다 자신의 정의로움을 어필하는 데에 관심을 둔다. 배우 이엘이 가뭄이라는 자연재해를 극복하기 위해 개인적으로 하는 실천은 '소셜미디어에 한마디 쓰기'"라며 "진정 변화와 해결을 바란다면 특정 콘서트를 겨냥한 '일침'보다 자신이

하고 있는 실천을 드러내어 더 많은 사람이 실질적 행동을 만들어내는 쪽을 택했을 것이다"고 말했다.

이선옥은 "이번 발언은 타인의 직업 영역에 대한 존중이 없는 점에서도 문제다. 더운 시기에 관객들과 물을 뿌리며 노는 콘서트는 이제 하나의 시즌 상품이 되었고 많은 이들이 이 콘서트를 기다린다"고 했다. 그러면서 "물 300톤이라는 말은 매우 선정적으로 들릴 수 있다. 그러나 그에게는 그의 사정이, 나에게는 나의 사정이 있듯, 불행을 알기 전 계획된 일에 대한 이런 식의 비난은 타당한 이유 없이 타인을 이웃에 대한 연민이라고는 없는 나쁜 사람으로 만든다"고 주장했다.[8]

이선옥의 반론은 『중앙일보』(6월 15일)에 실린 「이선옥 작가, 물 축제 비판 이엘 저격 "난 정의롭다 과시한 것"」이라는 기사를 소개한 것이다. PC를 보는 보수 신문과 진보 신문의 시각 차이 때문일까? 『경향신문』(2022년 6월 17일)에 실린 「'공생의 감각'으로 적은 '소양강 300t' 트윗, 왜 SNS 전쟁 불렀나… '싸이 흠뻑쇼' 논쟁」이라는 기사는 '공생의 감각'을 지지하는 논조를 보인 게 흥미로웠다.

『경향신문』과 『중앙일보』의 시각 차이

『경향신문』 기사는 "가뭄의 피해 당사자인 농민과 가뭄의 직접적 피해에서 떨어져 있는 이들 간 '감수성'의 차이도 드러났다"며, 충북 괴산에서 농사를 짓는 박 모씨(32)와 전북 진안의 배이슬 씨(33)의 입을 빌려 '흠뻑쇼'를 강하게 비판했다. "300t의 물을 쓴다는 것이 어이가 없다." "마을 전체에 물이 안 나와서 수자원공사에서 생수를 지원받는 동안 다른 데서는 식수를 뿌려대는구나 싶다."

또 이 기사는 "싸이가 진정성 있는 메시지를 냈으면 어땠을까 하는 아쉬움이 있다"는 대중음악 평론가 김도헌의 말을 소개했다. "'코로나19로 대중음악계가 힘들었고 오랜만에 공연을 열게 됐다. 가뭄으로 고통받는 분들의 마음을 잘 헤아리겠다. 농가에 도움이 될 방법도 같이 알아보겠다'는 정도의 움직임을 보여줬으면 좋았을 것"이라는 아쉬움이었다.

그러면서 이 기사는 비판의 뉘앙스가 있는 다음과 같은 말도 덧붙였다. "영향력 있는 대중문화계 인사가 공익을 고민하는 모습은 전 세계 팬들에게 익숙하다. 영국 밴드 콜드플레이는 2019년 탄소 배출 문제를 언급하며 보다 친환경적인 방법을 마련할 때까지 투어를 중단하겠다고 발표한 바 있다."[9]

우연일 수도 있겠지만, 싸이의 '흠뻑쇼'를 보는 두 신문의 시각 차이가 이렇게까지 크다는 게 흥미롭지 않은가? 작가 박한슬은 『중앙일보』(6월 24일)에 기고한 「가뭄에 웬 싸이 흠뻑쇼냐고? 목소리 큰 소수가 만든 '억지 논란'」이라는 글에서 전반적인 여론과 괴리된 PC의 문제를 제기했다. 그는 "싸이 콘서트 예매가 시작된 게 가뭄 정점 때이긴 했지만 실제 콘서트는 서울(7월 15~17일)을 비롯해 전국 대부분이 장마철 한복판인 7월에 열린다"며 "하지만 팩트와 무관하게 온라인 여론은 뜨겁게 달아올랐고, 언론이 찬반양론을 퍼 나르며 논란은 더 커졌다"고 했다.

그는 남성 이용층이 많은 커뮤니티에서는 흠뻑쇼가 문제없다는 여론이 많았던 반면 여성 이용층이 많은 커뮤니티에서는 문제가 많다는 식의 주장이 많다 보니 젠더 갈등 양상으로 비화했지만, 티케팅 시작과 동시에 예매 사이트가 다운되며 매진된 흠뻑쇼 구매 패턴을 분석해보니 이런 온라인 여론과는 완전히 달랐다고 했다. 그는 서울 콘서트 예매자 91퍼센트를 차지한 2030 중 여성이 68.7퍼센트였다는 걸 지적하면서 인터넷 커뮤니티가 실제 여론을 반영하는 대표성을 상실한 지 이미 오래라고 했다.[10]

'도덕적 우월감' 없는 문제 제기는 가능한가?

『조선일보』(6월 25일)도 「땅이 쩍쩍 갈라지는 가뭄에 물 폭탄 쇼? 싸이 흠뻑쇼 둘러싼 논란의 진실은…」이라는 기사를 통해 논쟁에 가세했다. 이 기사는 이 논란을 주로 다룬 건 연예 매체들이었는데, 이 중 흠뻑쇼와 관련된 사실관계를 명확히 한 보도는 찾아보기 어려웠다며 문화평론가 하재근의 말을 소개했다. 하재근은 "처음에는 여러 매체가 콘서트가 열리는 시점을 별 생각 없이 언급하지 않는다 여겼는데, 갈수록 일부러 언급하지 않는다는 느낌을 받았다"며, "논란을 일부러 부추기는 우리 사회의 비합리성이 드러난 사례"라고 말했다.

이 기사에 따르면, 영화감독 이송희일은 자신의 페이스북에서 배우 이엘의 발언을 지지하면서 "내 돈 내고 물 좀 쓰겠다는데 왠 참견이냐며 싸이를 옹호하던 도시 사람들도 참 못났지 싶었다"며, "시시각각 다가오는 기후 위기 앞에서, 역사상 최악의 가뭄과 산불 앞에서, 그 위기의 최전선에서 애먼글면 발 동동 구르고 있는 농부들에게 최소한의 '예의'를 차리는 게 그렇게 어려운 일인가"라고 했다.

이런 여론에 대해 문화평론가 김헌식은 "싸이에 대한 비난은 흠뻑쇼와 가뭄은 아무 상관이 없다는 팩트 체크 없이 자신의 도덕적 프레임에 갇혀 '가뭄 상황에서 나는 농민과 농업을 걱정한다'는 식의 도덕적 우월성을 드러내려는 의도가 강하다"고 말했다. 성균관대학교 사회학과 교수 구정우는 "공동체 의식을 강조하는데, 정작 싸이의 흠뻑쇼가 문화적으로 사회에 기여한 부분은 배제되고 있지 않은가"라며, "싸이의 흠뻑쇼가 반공동체적이라고 하는 건 싸이의 흠뻑쇼가 그간 공동체 구성원들에게 줬던 행복감은 무시하는 것"이라고 말했다.[11]

이번엔 『경향신문』 사회에디터 이명희가 PC 지지에 가세했다. 그는 「유난이라니, 지금 누군가는 울고 있다」(6월 30일)는 칼럼에서 "흠뻑쇼를 두고 거센 논쟁이 벌어진 것은 기후 위기에 우리 사회 구성원들이 더이상 둔감하지 않다는 뜻이기도 하다"며, "가뭄으로 인한 물 부족을 안타까워하며 환경을 생가하자는 이들의 주장이 졸지에 가수 한 명을 '무개념 환경 파괴범'으로 몰고, 본인의 도덕적 우월함을 과시하고자 함은 아닐 것이다"고 했다.

그는 "지금 세상 어디선가 누군가 울고 있다/세상에서 이유 없이 울고 있는 사람은/나 때문에 울고 있다"는 릴케의 시를 인용하면서 "이 세상의 어느 것 하나도 저 혼자 존재하는 것은 없다. 부디 냉소를 거두자"고 주장했다.[12]

PC 논쟁은 '도덕적 우월감'의 문제로 비화되기도 한다. 이는 "진보가 보여주는 꼴불견 중에 하나가 도덕적 우월의식이다"는 상식과 상통한다.[13] 도덕적 우월감이 없는, 상대편이 그런 의심조차 할 수 없게끔 도덕적 우월감이 완전히 배제된 문제 제기는 가능한가? 타인에 대한 훈계는 아닐망정 계몽의 재미조차 박탈된 PC 언어가 가능할 것인지 그게 쟁점이 될 수도 있겠다는 생각이 든다.

"슬랙티비즘은 사회 참여 첫걸음이다"

'흠뻑쇼' 논쟁은 이른바 '슬랙티비즘slacktivism'을 어떻게 볼 것인지의 문제이기도 했다. '게으른 사람slacker'과 '행동주의activism'의 합성어인 슬랙티비즘은 시민 참여나 집단행동을 촉진하기 위한 수단으로 인터넷과 소셜미디어를 활용하는 사람들이 증가하면서 등장한 말로, 지식인들 사이에 열띤 쟁점이 되고 있다.

온라인 공간에서는 치열한 토론을 벌이면서도 막상 실질적인 정치·사회 운동에 참여하지 않는 네티즌을 비꼬는 말로도 쓰이지만, 중립적으로 보자면 사람들이 사회의 여러 문제에 대해 분명한 의사를 가지고 있지만 행동으로 옮기는 것은 주저하면서 최소한의 관여만으로 최소한의 영향을 끼치는 참여, 즉 소심하고 게으른 저항을 가리키는 개념이다.[14]

스위스에 거주하는 작가 김진경은 『중앙일보』(7월 9일)에 기고한 「물·식량 낭비 지적 '슬랙티비즘'은 사회 참여 첫걸음」이라는 칼럼에서 "'소셜미디어에 한마디 쓰기'가 사회운동에서 종종 비판의 대상이 되는 것은 사실이다"며 다음과 같이 말했다.

"생각을 실천적 행동에 옮기고 거리에 나가 시위에 참여하는 대신 스마트폰을 들고 앉아 '정의로워 보이는' 포스트를 소셜미디어에 올리는 것, 그런 포스트에 '좋아요'를 누르고 '공유'함으로써 할 일을 했다고 만족하는 것, 온라인 청원에 참여하거나 자신의 소셜미디어 프로필 사진을 특정 주장을 담은 내용으로 바꾸는 정도로 정치적 임무를 다했다고 자위自慰하는 것, 여기에는 슬랙티비즘slacktivism이라는 이름이 붙어 있다."

이어 김진경은 "그럴듯한 비판이다. 하지만 생각해보자. 배우 이엘의 트윗이 단순히 슬랙티비즘으로 폄하될 내용인가. 가뭄은 일부의 고통으로 끝나지 않고 결국 모두에게 여러 형태로 영향을 미친다"며, "식수를 콘서트에서 흘려보낸다고 비난하는 것이 작가 이선옥의 말대로 '다양한 이해관계가 걸려 있는 문제를 종합적으로 바라보려는 노력이 없기' 때문인가"라고 반문했다.

김진경은 "사회 문제를 해결하는 과정에서 한 개인 또는 특정 집단을 손가락질하거나 죄책감을 전가하는 게 바람직하지는 않다. 나는 맥락을 간과한 채 모두에게 '정치적 올바름'을 사실상 강요하는 행태에 문제가 많다고도 생각한다. 그러나 사안에는 경중이 있다"며 다음과 같이 주장했다.

"당장 모든 사회 구성원이 합심해서 한 방향으로 노력해도 모자랄 기후 위기 앞에서 물 낭비를 지적하는 사람들에게 정의로운 자신을 과시하려 한다느니, 선민의식이라느니 하는 건 전혀 생산적이지 않다. 누군가는 트위터에서 배우 이엘의 메시지를 보고 물 낭비 문제에 대해 진지한 고민을 시작했을 수 있다. 슬랙티비즘은 종종 사회 참여를 위한 첫걸음으로 작용하기도 한다."[15]

좌파 지식인들의 PC 비판

이상 소개한 '흠뻑쇼' 논쟁은 PC가 우리의 일상적 삶에 깊숙이 들어와 있음을 말해준다. 모든 PC 논쟁이 다 그런 건 아니지만, 상당 부분은 계급의 문제이기도 하다. '흠뻑쇼' 논쟁에도 그런 요소가 있었다. PC의 본고장인 미국에선 대체적으로 진보는 '친親PC', 보수는 '반反PC' 성향을 보여왔지만, 최근엔 진보 쪽에서도 '계급'의 중요성을 강조하는 이들은 '반PC'로 돌아서고 있다.

유럽의 좌파 지식인들 중엔 '반PC'를 외치는 사람이 많은데, 그 대표적 인물이 슬로베니아 철학자 슬라보예 지젝이다. 앞서 보았듯이, 지젝은 PC를 경제적인 계급 불평등을 은폐하는 '부르주아 자유주의의 주요한 이데올로기적 방패'로 간주할 정도로 도발적이다.[16]

2021년에 번역·출간된, 오스트리아 철학자 로베르트 팔러의 『성인언어: 정치적 올바름과 정체성 정치 비판』도 계급 불평등의 관점에서 이루어진 PC 비판서다. 그는 지젝의 친한 친구라는데, 그래서 그런지 지젝보다는 덜할

망정 PC에 대한 독설이 만만치 않다.

팔러는 "정치적으로 올바른 언어 사용은-자선, 윤리적 패션, 친환경적 소비 그리고 채식 요리와 마찬가지로-무엇보다도 차별의 자산이다"며, "이 무기의 도움으로 어느 정도 동등한 위치에 있는 사람을 효과적으로 자신들과 동등하지 않은 사람으로 만들 수 있다"고 말한다.[17] PC가 자기과시나 인정 투쟁의 도구로 이용되고 있는 현실을 꼬집은 말이라고 볼 수 있겠다.

팔러는 "PC는 결코 '생산적인 의견 불일치를 일으키는 논쟁의 증가'를 대변하지 않는다. 오히려 PC는 모든 논쟁을 도그마적으로 사전에 종결짓는다. 그리고 PC는 반드시 나쁘지만은 않을 수 있을 의견 불일치의 존재에 전혀 무지한 것처럼 보인다"며 다음과 같이 말한다.

"프랭크 푸레디가 언급하였듯이 '나는 동의하지 않는다'라는 낡은 관용구는 그 자리를 대체하게 된 '나는 불쾌하다'라는 포스트모던적인 선전포고보다 전략적으로 훨씬 약한 것이다. 전자가 단순히 논쟁 가능한 견해를 표현하고 있다면, 후자는 다툼의 여지가 없는 의학적인 현실을 표현한다."[18]

PC 언어가 잔혹한 현실을 은폐한다면?

팔러는 "자신이 상처받거나 모욕당했다고 느끼는 이는 옳다"는 PC의 기본적인 원칙에 대해서도 이렇게 이의를 제기한다.

"그것은 1960년대 소위 진보적인 문학 이론이 발전시켰던, 텍스트의 의미는 저자가 아니라 독자에 의해 규정된다는 중대한 오류를 일상 문화의 영역에서 반복하는 것이다."[19]

일상적 삶에서 단 한 번이라도 "그런 뜻으로 한 말이 아니에요"라고 강하게 변명한 경험이 있는 사람이라면 이 말이 반갑겠지만, 상대방은 부인했지만 그 사람의 말로 인해 상처받거나 모욕당했다고 느낀 경험이 있는 사람이라면 달리 생각할 것 같다.

이게 참 어려운 문제다. PC의 원칙에 충실하려면 순

수하고 순결한 단어들만을 써야 한다는 게 아닌가? 이에 대해 팔러는 그런 언어가 가장 잔혹한 현실을 은폐한다면 어떻게 할 것이냐고 반문한다. 그는 현실은 추악함에도 "단어에 관해서 민감하게 굴고 그 누구의 감정도 해치지 않으려고 신중을 기하는 것이 놀랍지 않은가?"라고 묻는다. 이어 "매우 섬세하게 은폐된 현실의 잔혹함을 들춰내는 것이 올바르지 않겠는가?"라고 동의를 구한다.[20]

팔러는 지젝이 먼저 지적한 것임을 밝히면서 "CIA가 이른바 '물고문waterboarding'과 같은 자신들의 고문 방식을 '강화된 심문 기술enhanced interrogation techniques'로 표기하는 것은 어딘가 섬뜩한 방식으로 PC에 관한 진실을 드러내 보인다"고 말한다. PC의 주요 방법론이라 할 완곡어법이 소수자나 사회적 약자 집단과 관련해서뿐만 아니라, 잔혹한 현실 자체에도 똑같이 적용되고 있는 건 이상하지 않느냐는 것이다.[21]

PC를 둘러싼 논쟁과 갈등에 무슨 뾰족한 답이 있을 것 같진 않다. 내가 평소 주장하는 소박한 해법은 PC에서 자기과시나 인정 투쟁의 요소를 배제하자는 것이다. 달리

말하자면, PC 관련 발언을 하더라도 비판의 형식을 취하지 말고 자신을 낮추는 겸손 모드로 하자는 것이다.

미국의 경험이 우리에게 좋은 반면교사의 교훈을 주고 있다. 미국의 PC는 자기과시와 인정 투쟁의 요소가 두드러져, 진보적인 민주당 지지자들 사이에서도 반감이 만만치 않다. 앞서 지적했듯이, 2018년 예일대학 조사에선 심층 인터뷰를 한 3,000명 중에서 80퍼센트가 PC에 대해 부정적인 답변을 한 것으로 나타났다.

PC 비판자들도 극단적 사례를 들어 'PC의 도착'을 고발하는 식의 비판은 자제하는 게 좋을 것 같다. 예컨대, 앞서 지적했듯이, 지젝의 PC 비판은 덴마크에서 떠도는 PC 조롱("제3세계 국가 출신의 이민 노동자들과 섹스를 하는 것이 백인 여자의 윤리적·정치적 의무")을 'PC의 도착' 사례로 제시하는 식이다.[22] 무엇이건 과유불급過猶不及이다. PC 지지자들이 PC 운동을 하더라도 '언어 경찰'이나 '사상 경찰'이라는 비난은 가급적 나오지 않게끔 좀 열린 자세를 갖는 게 어떨까 싶다.

제3장

'정치적 올바름'의

생명은 겸손이다

'정치적 올바름', 겸손하면 안 되나?

몇 년 전 아내와 나는 미시간주 디어본에 있는 헨리 포드 박물관으로 가이드 동반 여행을 한 적이 있었다. 우리 가이드는 대략 30대 초반으로 보이는 남자였는데, 그는 헨리 포드의 일하는 습관, 발명, 동료, 가족 관계를 포함해 한 기업가의 생애에 관한 다채로운 이야기와 정보를 제공해 주었다. 한 지점에 이르러 가이드는 "포드가 바가지를 긁는 아내 클라라를 피해서 몸을 숨기는 데 사용한 장소"라고 농담을 하면서 2층에 있는 한 방을 보여주었다. 대부분의 사람들이 그 말을 즐겼던 것으로 보였다.

투어가 끝나고 계단을 내려오고 있는데, 가이드가 2명의 여성에게서 모든 사람이 지켜보는 가운데 그의 '공평하지 못하고 부적절한' 발언에 관해 혼쭐이 나고 있었다. 그들은 학계에 몸담고 있는 여성들 같았다. 그 가이드는 돌처럼 굳어져 밍연자실한 것처럼 보였다. 가이드의 얼굴을 얼핏 훔쳐보면서, 정치적 올바름이 우리 시대의 테러라는 생각이 들었다.

미국 언론인 마이클 르고가 『싱크! 위대한 결단으로 이끄는 힘』(2006)이라는 책의 「제5장 정치적 올바름이 이성을 마비시킨다」에서 소개한 에피소드다. 그는 왜 PC를 '테러'라고까지 생각하게 된 걸까? 그의 주장을 좀더 들어 보자. 그는 "그것은 누구를 언제 어떤 방식으로 습격하면서 어떤 방향으로 튈지 결코 알 수 없는 것이다"며 다음과 같이 말한다.

"정치적 올바름은 마치 테러처럼 나름의 생명력과 의지를 가지고 있어서 '보다 고차원적인 이상'이라는 명분 아래 어느 틈에 재능, 자발성, 열정, 비판적이고 창조적인 사고를 무디게 만드는 파괴적이고 비윤리적인 힘이 되고 있다. 정치적 올바름은 테러와 흡사하게 서서히 해방을 유폐로 변형시키고 미국의 사적·공적인 제도로부터 윤리적이고 지적인 에너지를 짜내는 것이 되고 있다."[1]

글쎄, 뭐 그렇게 '테러'라는 단어까지 동원해가면서 비난할 필요가 있을까 하는 생각이 들기도 하지만, 나 역시 모든 사람이 지켜보는 상황에서 가이드를 혼쭐낸 두 여성의 행태를 곱게 보아주긴 어렵다. 조용히 불러서 부탁하는 방식으로 말하면 안 되는 것이었을까? 아니면, 박물관 측에 강력 항의를 해서 그 가이드를 내쫓지 않은 걸로 충분한 자비를 베풀었다고 보아야 하는 걸까?

나는 오랜 세월 PC의 적극적 지지자였다. 특히 '지방' 관련 언어의 감시자 역할을 자청하면서 책을 통해 내 생각을 밝히기도 했다. 예컨대, 지방에서조차 "지방방송 꺼"라는 말이 사용되고 있는 걸 개탄하면서 그런 몹쓸 말을 쓰면 안 된다고 역설했고, '지잡대' 같은 표현을 쓰는 사람들을 '학벌에 목숨 거는 지지리 못난 인간'으로 비난하기도 했다. 물론 지방 폄하가 너무 심한데다 특정인을 겨냥해 하는 말이 아니었기에 일종의 충격요법으로 그렇게 거칠게 말했다는 걸 이해해주시기 바란다.

사실 나는 PC의 생명은 겸손에 있다고 생각하는 사람이다. 흔히 하는 말로 '지적질'을 받고 기분이 상하지 않을 사람은 없다. PC에 관한 의견을 표명할 때엔 낮은 자세로 겸손하게 상대방의 기분을 최대한 배려하는 게 절대적으로 필요하다는 게 내 생각이다. 그런데 그렇게 하지 않는 사람이 너무 많다. 특정인을 겨냥해 속된 말로 잘난 척하면서 싸가지 없게 말하는 사람이 너무 많다는 것이다.

좌파이자 동성애자인 사람이 왜 PC를 반대하나?

2018년 5월 18일 캐나다 토론토에서 '멍크 디베이트'가 개최되었다. 이는 피터 멍크와 멜라니 멍크가 설립한 자선 단체 오리아재단의 프로젝트로, 반년마다 세계가 당면한 주요 공공 정책 이슈에 대해 논의하는 세계적인 포럼이다. 이날 열린 토론의 주제는 PC였다. 유명 인사 4명이 참가한 가운데 벌어진 PC 찬반 논쟁은 『정치적 올바름에 대하여』라는 책으로 기록되었다. 이 책이 PC를 깊이 이해하는 데에 큰 도움이 된다. 이 책을 중심으로 이야기를 풀어가보자.

이 토론에서 영국의 베스트셀러 작가 스티븐 프라이가 밝힌 PC 반대 이유를 들어보자. 프라이는 좌파이자 동성애자이므로 PC를 지지하는 게 당연할 것 같은데, 왜 반대하는 걸까? 그게 바로 싸가지 문제 때문이다. 프라이는 다음과 같이 말한다.

"제가 궁극적으로 PC에 반대하는 이유는 제가 일생동안 혐오하고 반대해왔던 것들이 PC에 있기 때문입니다. 설교 조의 개입, 경건한 체하는 태도, 독선, 이단 사냥, 비난, 수치심 주기, 증거 없이 하는 확언, 공격, 마녀사냥식 심문, 검열 등이 PC에 결합되어 있어요."[2]

프라이는 "좀더 관용적인 사회를 만든다는 고매한 목적을 성취하기 위해 노력해야지, 단순히 어떤 용어나 언어를 만들어내서 사람들이 그 불편하고 멍청한 표현을 쓰도록 강제하는 건 핵심이 아니라"며 다음과 같이 주장한다.

"저는 동성애, 트랜스젠더, 이슬람, 외국인 등에 대한 혐오에 반대합니다. 또 편견, 인종주의, 그 어떤 형태의 불관용도 거부합니다. 제가 이 말을 반복하지 않아도 되면 좋겠군요. 좌파가 저지르는 커다란 오류 중 하나가 뭔 줄 아세요? 적의 명석힘을 과소평가하는 짓입니다. 트럼프 일가는 우리가 지성의 기반으로 생각하는 신성한 인문서를 읽지 않을지도 모릅니다. 하지만 그렇다고 그것이 트럼프 일가가 똑똑하지 않다는 걸 의미하지는 않습니다. 그들을 과소평가하는 것은 매우 어리석은 짓이죠. 역사가 보여줘요. 정말 바보 같은 짓입니다."[3]

프라이는 토론의 후반부에서도 "좌파의 진짜 실수는 우파를 과소평가한다는 것"이라며, "우파는 우리가 원하는 만큼 어리석지 않다"는 점을 강조한다.

"그랬다면 좋았겠죠. 그들이 교활하지 못하고, 음흉하지 않으며, 그래서 우리의 약점을 모른다면 좋았겠죠. 나는 우파가 아끼는 무기가 정치적 올바름이라는 점이 두렵습니다. 우리가 사람들을 어떤 식으로 대해야 하며, 어떤 언어를 사용해야 하고, 어떤 말을 받아들일 수 있고, 어떤 태도가 수용할 만하다고 지적하면 할수록 상황은 더 나빠질 거예요."[4]

"파멸하지 않으려면 이분법 광기를 멈춰야 한다"

"인간이 만들어낸 것 중 시간이 지나면서 전부 또는 일부라도 부패하지 않는 것은 없었다."

영국 성공회의 창시자이자 종교개혁가인 토머스 크랜머의 말이다. 프라이는 이 말을 인용한 후에 "이상이란 늘 숭고하기 마련이죠. 그렇기 때문에 그것이 얼마나 고결한지 이야기하는 것은 좋아요. 하지만 오웰식으로 표현하면, 결국에는 '바지를 입은 돼지'로 끝나게 되어 있어요(조지 오웰의 소설 『동물농장』에 나오는 독재자 돼지 나폴레옹을 가리키는 것으로 보인다)"라면서 다음과 같이 말한다.

"바로 그런 일이 일어난 것입니다. 본질적으로 진보좌파 진영이 학계의 전투에서 승리했고, 현재는 중년의 베이비붐 세대가 대학을 장악하고 있어요. 그들이 바로 바지를 입고, 무엇이 진리이고 무엇은 아닌지, 무엇을 받아들일 수 있고 무엇은 받아들일 수 없는지를 주장하고 있습니다. 다양성, 포용, 평등이라는 미명 아래 나쁜 일들이 수없이 벌어지고 있어요. 저는 그것이 더 큰 포용과 더 많은 다양성을 지연시킨다고 생각합니다. 이게 바로 문제예요. 석에게 힘을 실어주는 겁니다."[5]

캐나다에서건 한국에서건 많은 사람이 PC 논쟁을 좌파와 우파의 문제로 보려는 경향이 있다. 좌파인 프라이는 그런 견해는 틀린 것이라고 지적하면서 이 토론에 임하면서 자신이 겪은 고충을 털어놓았다. 특히 PC를 비판하는 과격한 발언을 해온 캐나다 심리학자 조던 피터슨과 같은 편이 된 것을 문제 삼는 사람이 많았던가 보다.

프라이는 "많은 분들이 제가 오랫동안 지지해온 대의와 가치를 스스로 배신하고 있다고 생각한다는 것을 잘 알고 있습니다. 이미 제게 강한 아쉬움과 슬픔을 토로하는 분들이 많았거든요. 제가 피터슨 교수와 같은 편으로 토론에 나설 거라는 이유 때문예요. 하지만 제가 오늘 이 자리에 선 것은 애초에 바로 그 때문입니다"라면서 다음과 같이 열변을 토했다.

"저는 정확하게 지금 정치와 다른 모든 종류의 문제에서 저와 다르게 생각하는 사람과 함께하고 있습니다. 이 모든 분노, 억울함, 적개심, 무관용, 무엇보다 '우리 편 아니면 적'이라는 확신 등이 멈춰져야 한다고 보기 때문입니다. 그랜드캐니언만큼 거대하고 깊은 골이 우리 세계에 열렸습니다. 이런 분열과 균열이 매일 점점 더 커지고 있습니다. 어느 쪽도 상대방의 비명을 한마디도 들을 수 없고, 듣고 싶어 하지도 않습니다.……끔찍한 소음과 폭발음이 사방팔방에 울려 퍼지는 중에 당황하고, 지루해하고, 배신감을 느끼기도 합니다. 이제는 이 유해하고 이분법적이며 양측 모두 아무것도 얻을 것 없는 광기를 멈춰야 할 시간입니다. 그렇게 하지 않으면 우리 모두 파멸할 것입니다."[6]

지금까지 즐겨온 농담을 할 자유의 침해

"이 토론의 핵심이 결국 어떤 면에서는 '공손함'에

대한 것이라고 생각하나요? 그러니까 제 말은, 이른바 PC 라는 말을 경멸적으로 사용하는 사람들을 볼 때 어떤가요? 그들의 비판 대부분이 단순히 태도나 성향에 관한 것이라고는 생각하지 않으십니까? 즉, 서로를 훨씬 더 공손하게 대하는 것을 지지하는 집단, 개인, 단체를 대변하려는 이들의 태도나 성향을 비판하는 것일까요?"[7]

멍크 디베이트의 의장이자 작가인 러디어드 그리피스가 PC를 지지하는 미국 언론인 미셸 골드버그에게 던진 질문이다. 이에 골드버그는 "네. 저는 PC를 지지하는 사람들이 바라는 건, 일정 부분은 아마도 '더 나은 태도'일 거라고 생각합니다. 그 점에서 1980년대 말, 1990년대 초에 일어났던 '정치적 올바름'을 둘러싼 공포감을 회고해보면 참 흥미롭습니다"라면서 다음과 같이 말했다.

"당시 사람들이 참을 수 없었던 것은 갑자기 더이상 토착민을 '인디언'이라고 부를 수 없고, 조롱하는 의미로 '저능아'라는 말을 사용할 수 없게 됐다는 점이었어요.······정말이지 목에 뭐라도 콱 박힌 것 같았겠지요. 동성애자를 빗댄 농담도 할 수 없다니! 그런 것들 대부분이 짐

작건대 이제는 완벽하게 통합되어 있어요. 지금 우리는 그런 종류의 언어를 사용하려는 생각조차 하지 않죠. 그런 것을 전혀 억압으로 느끼지도 않고요. 그런 말 표현이 그저 무정하고 퇴행적이라고 생각할 뿐입니다. 오늘날에도 비슷한 일이 벌어지고 있다고 생각합니다. 이런 변화가 부자연스럽게 느껴지고, 목에 뭔가 콱 박혀 있는 것 같은 거예요. 하지만 효과 있고 사회적 요용이 있는 것들은 완벽하게 언어에 통합될 것입니다. 그렇지 못한 것들은 끝내 사라져버릴 것이고요. 이전 시대의 정치적 동요 상황에서 일부 기괴한 요구들이 서서히 사라져버렸듯 말입니다."[8]

결국 이 문제는 역지사지易地思之의 문제로 귀결된다. 잘 생각해보시라. 우리는 상대방의 더 나은 태도를 원하면서, 마찬가지로 자신이 문제를 지적할 때엔 왜 자신의 태도는 잊을까? 바로 이게 문제다. 골드버그는 토론 후반부에 "대선 캠페인 기간 동안 미국 여러 곳에서 벌어지는 트럼프 지지 집회에 수없이 많이 갔지요"라면서 다음과 같이 말했다.

"가는 곳마다 정치적 올바름에 대한 불평을 북미자유

무역협정NAFTA에 대한 불만보다 더 많이 들었습니다. 사람들에게 정치적 올바름이 의미하는 바가 무엇이냐고 물어봤어요. 어떤 사람은 함께 일하는 여성 동료에게 '아가씨'라고 부르니 그들이 화를 냈는데, 그런 게 불만스럽다고 했어요. 또 어떤 사람은 미국 대통령이 정말 이슬람 교도였는지에 대한 물음을 공개적으로 표현할 수 없다는 점이 불만이라고 했지요. 더이상 동성애자에 대한 농담을 할 수 없다는 것도 싫어했고요."⁹

이 토론의 방청객은 3,000명이었는데, 이들의 생각은 어땠을까? "정치적 올바름은 과연 진보라고 할 수 있는가?" 토론 시작 전 방청객의 투표 결과는 '그렇다' 36퍼센트, '아니다' 64퍼센트였지만, 토론이 끝난 후 최종 투표 결과는 찬성 30퍼센트, 반대 70퍼센트로 바뀌었다. 이것만 놓고 보자면, PC에 반대한 스티븐 프라이와 조던 피터슨 팀의 승리였다.¹⁰

누구나 한 번쯤은 겪었을지도 모를 이런 그림을 그려보자. 친구 몇 명이 모여서 그 자리에 없는 누군가에 대한 가벼운 농담을 하면서 매우 즐거워한다. 그런데 그때 친구들 중 한 명이 정색을 하고 일어서면서 "이건 옳지 않아! 이런 말을 하려면 그 사람 앞에서 하는 게 옳지, 이건 비겁하단 말이야"라고 외친다면?

이 가벼운 농담을 즐겼던 당신은 졸지에 비겁하고 나쁜 사람이 되고 만다. 지금까지 즐겨온 농담을 할 자유의 침해인가? 옳지 않다고 외친 친구의 말에 수긍하지 못할 건 없지만, 문제 제기를 꼭 그런 식으로 했어야만 했을까? 당신을 포함해 농담에 동참했던 친구들은 모두 이의를 제기한 '의인義人'의 싸가지에 대해 강한 문제의식을 느낄지도 모르겠다.

'장애우'는 '누군가의 가슴에 비수를 꽂는 망언'인가?

우리의 일상적 삶에서 벌어지는 PC를 둘러싼 논쟁과 논란을 단순화시켜 말하자면, 그런 그림을 생각해볼 수 있다. 한국에서도 왕성하게 제기되고 있는, PC 반대 이유는 대부분 바로 그런 싸가지의 문제다. 여행 감독 고재열은

「젊은 꼰대들에게」라는 칼럼에서 PC에 대해 느끼는 '불편함'을 다음과 같이 토로한다.

"자신의 마이너 감수성을 과시하면서 그렇지 않은 사람들에게 도덕적 우월감을 느끼는 모습을 볼 때다. PC 논쟁은 일종의 '태노 게임'으로 흐르는 경우가 많다. '나는 약자인 이들에게 이런 민감한 태도를 지니고 있는데 당신들은 왜 그렇지 못한가' 하며 자신의 우월감을 드러낸다."[11]

PC가 정치판으로 들어가면 상대편을 때려눕히려는 몽둥이가 되고 만다. 이른바 '장애우 사건'을 보자. 2021년 12월 13일 국민의힘 대선 후보 윤석열이 선거대책위원회 장애인복지지원본부 행사에서 '장애우' 표현을 쓴 데 대해 민주당과 정의당이 격한 비판에 나섰다. 민주당은 "장애인들과 그 가족들의 가슴에 비수를 꽂는 망언을 했다"고 했고, 정의당은 "장애인을 향한 우월의식과 시혜적 시선을 여지없이 드러낸 것"이라며 "제1야당의 대통령 후보로서 정말 낯부끄러운 일"이라고 했다.[12]

나는 언론이 이걸 그대로 중계 보도하는 걸 보고서 혀를 끌끌 차지 않을 수 없었다. 나는 '정치적 올바름'의 지지자로서 미국처럼 '정치적 올바름'이 절대 다수 국민의 혐오 대상이 되지 않게끔 하려면 '과유불급'의 원칙을 지켜야 한다고 역설해왔기 때문이다. '장애우'라는 말 한마디를 가지고 그렇게 비난해대는 것이야말로 사람들의 반감과 염증을 불러일으켜 오히려 '정치적 올바름'을 죽이는 자해 행위가 된다는 게 나의 생각이다.

'장애우'는 오랫동안 진보적 용어였다. '장애우'라고 하지 않으면 욕을 먹을 것 같은 분위기가 강했던 시절도 있었다. 그런데 '정치적 올바름'의 원칙은 늘 진화한다. 이 원칙에 충실하고자 하는 이들이 '장애우'는 (정의당의 주장처럼) '장애인을 향한 우월의식과 시혜적 시선'을 드러내는 것이라고 이의를 제기하면서 서서히 사라지게 되었다. 왜 장애인의 생각도 묻지 않고 일방적으로 마음에도 없는 친구 행세를 하려 드느냐는 문제 제기였다. 그래서 보건복지부도 2015년부터 개선 운동에 나선 표현이 되고 말았다.

그런데 이미 입에 붙은 표현을 하루아침에 바꿀 수 있겠는가? 보건복지부가 개선 운동에 나선 지 2년이 지난 2017년에도 이재명과 추미애가 SNS와 공식 행사에서

'장애우'란 표현을 쓴 것도 바로 그런 이유 때문이었을 게다.[13] 여론조사를 해보라. '장애우'란 표현을 쓰면 안 된다고 알고 있는 사람이 얼마나 되는지……. 2017년에 쓴 건 2년밖에 되지 않았으니 괜찮고 2021년에 쓴 건 6년이나 지났기에 '비수를 꽂는 망언'이란 말인가? '정치적 올바름'을 남을 비난하고 모멸하기 위한 도구로 써먹는 이런 작태는 '정치적 올바름'의 좋은 뜻마저 죽이고야 말 것이다.

부탁한다. 아니 읍소하련다. 제발 그러지 말자. PC를 남들에게 으스대는 '완장'의 용도로 쓰지 말자. 그건 PC를 죽이는 일이다. PC의 본고장인 미국에서 PC에 대한 부정적 인식은 진보주의자들 사이에서도 매우 높아졌다. 2016년 대선에서 '막말의 달인'이었던 공화당 후보 도널드 트럼프가 승리를 한 데엔 그의 노골적인 반反PC 운동이 큰 기여를 했다는 평가가 나올 정도였다.

앞서 소개한, 프라이가 밝힌 이유 때문이다. 프라이는 또 하나의 반대 이유를 제시했다. 그는 "인간이 저지르는 가장 커다란 실패는 효과적인 것보다 올바른 것을 선호하는 것입니다. PC가 얼마나 효과적일지는 생각하지 않고

그저 얼마나 옳은지에만 집착합니다"고 말한다.[14] 아닌 게
아니라 "옳기 때문에 효과 따위엔 신경 쓰지 않겠다"는 사
람이 많다. 이런 자세도 PC에 대한 반감을 키우고 있다는
걸 아는지 모르겠다. 독선적이고 오만한 PC는 PC를 죽이
고야 말 것이다.

제4장

SNS가 규제하는

'유치원 국가'가 좋은가?

'정치적 올바름'의 변질 과정

미국 그랜드캐니언의 거대한 협곡에는 많은 관광객
이 몰려들지만, 위험 표시조차 되어 있지 않다. 일본 같았
으면 울타리가 쳐지고 출입금지 푯말이 여기저기 세워졌
을 것이다. 관광객들은 규제를 따르기만 하면 안전을 보장
받을 수 있게 되지만, '레저'라고 하는 가장 사적이고 자유
로운 행동마저 그 안전을 당국에서 보호받으려 하고 또한
이를 당연시하는 것이 과연 바람직한가?

일본 정치인 오자와 이치로가 『일본개조계획』이라는

책에서 일본의 '규제 문화'를 강력히 비판하면서 제기한 문제다. 사회비평가 후쿠다 가쓰야는 『왜 일본인들은 이 같은 어린아이들이 되었는가?』라는 책에서 일본은 시민을 어린이로 다룬다고 비판했으며, 작가 후쿠다 기치로는 일본을 '유치원 국가'라고 부르면서 일본에서 사회적 통제는 사적인 영역까지 아주 깊숙이 침투했다고 비판했다.[1]

그러나 일본만 그런 건 아니니 일본인들이 너무 자책할 필요는 없을 것 같다. 과잉보호의 분야만 다를 뿐 일본과는 정반대의 나라로 간주된 미국도 '유치원 국가'라고 부를 수 있는 면이 있으니 말이다. 특히 대학이 그렇다. 이와 관련, 미국 사회심리학자 조너선 하이트가 변호사 그레그 루키아노프와 같이 쓴 『나쁜 교육: 덜 너그러운 세대와 편협한 사회는 어떻게 만들어지는가』(2018)라는 책은 읽어볼 가치가 있다. '정치적 올바름'의 변질 과정을 날카롭게 포착하고 있기 때문이다.

하이트는 몇 년 전만 해도 학교에서 관리자들이 언어 규범을 만드는 동기는 인종차별이나 성차별로 여겨지는 발언을 줄이자는 것이었지만, 요새는 언어 규범을 마련하거나 연사의 강연을 취소하면서 건강상의 이유를 내거는 일이 점차 늘어나고 있다는 점에 주목한다. 학생들의 주장을 들어보면, 특정 종류의 발언은 물론 심지어 각종 책이나 교과 과정의 내용들이 자신들의 정신건강에 위협이 된다는 것이었다고 한다.

학생들은 학교가 '감정을 격발시키거나' '안전하지 못하다는 느낌을 주어' 자신들의 정신건강을 위험에 빠뜨릴 수 있다고 여겨지는 내용들에서 자신들을 보호해주기를 원했으니,[2] 이거 참 골치 아프게 생겼다. 대학이 무슨 유치원도 아닐 텐데 어떻게 그런 것까지 일일이 보호해줄 수 있단 말인가? 그러나 그런 요구가 당당하게, 아니 공격적으로 이루어지고 있는데다, 자신들의 요구가 충족되지 않으면 물리적인 실력 행사까지 벌이니, 학교 측에선 무시하기가 쉽지 않다.

'안전'의 '은밀한 개념 확장'

2015년 미국 컬럼비아대학 대학신문에 재학생 4명이 쓴 한 편의 글을 보자. 그들은 "강의실 안에서는 학생들이 안전하다고 느껴야만 하는데, 서양 고전의 많은 텍스트들에는 소외당하고 억압당한 사람들의 역사와 이야기가 즐비하며", "그 내용이 감정을 격발시키고 공격적으로 느껴져, 강의실에 앉아 있는 학생들의 정체성을 하찮게 만들어버린다"고 주장했다.

일부 학생들은 이런 텍스트들은 독서를 하거나 토론을 벌이기가 감정적인 면에서 너무 벅차기 때문에, 교수들이 학생들에게 "트리거 워닝trigger warning(조만간 진행될 수업 내용이 학생들에게 꽤 고역일 수 있음을 교수가 학생들에게 말이나 글로 미리 고지하는 것)"을 해주어야 하며, 아울러 감정이 동요된 학생들에게도 지원을 해주어야 한다고 주장했다.

이에 대해 하이트는 "그 행간을 읽자면, 이 글은 문학 고전이 다양해져야 한다는 중요한 지적을 하는 셈이다. 하지만 문학에 대한 반응을 논할 때 '안전 대 위험'이라는 틀을

적용하는 것이 과연 도움이 될까?"라는 의문을 제기했다.[3]

게다가 '안전safety'이라는 말의 의미가 '감정의 안전'까지 포함하도록 그 의미가 넓어진, 이른바 "은밀한 개념 확장concept creep"이 과도하게 이루어지고 있는 것도 문제다. 예를 들어 2014년 오벌린대학에서는 교내 교수진이 준수해야 할 수칙에 '트리거 워닝'을 넣어 "교수들이 학생들의 안전에 만전을 기하고 있다는 사실을 몸소 보여줄 것"을 요구했다. 즉, 학생들의 감정이 상하는 일이 없도록 교수진이 각별히 신경 쓰고 있다는 사실을 실질적으로 보여주라는 것이다.[4]

하이트는 무엇보다도 정치적 올바름이 "학생들이 유약하다fragile"는 전제에서 작동하는 게 문제라며 이렇게 말한다.

"심지어 자신은 유약하지 않은 학생들까지도, '다른' 학생들이 위태한 지경에 빠져 있기 때문에 그를 보호해주어야 한다고 여기는 일이 많다. 이른바 '감정 격발'이라는 딱지를 붙인 발언이나 텍스트들과 맞부딪히며 학생들이 더 강하게 성장할 거라고는 어느 누구도 기대하지 않는다."[5]

소셜미디어의 포로가 된 i세대

혹 디지털 혁명이 PC의 부작용을 증폭시킨 건 아닐까? 이 질문에 대해선 사회심리학자 진 트웬지가 2017년에 출간한 『i세대』라는 책을 참고하는 게 좋겠다.[6] 그는 밀레니얼 세대에 뒤이어 나타난 세대를 아이폰과 비슷하게 일명 i세대라 일컫는데, 이는 '인터넷 세대'의 줄임말이다. 밀레니얼 세대의 마지막 출생연도는 1994년이고, 인터넷이 상용화된 1995년부터는 i세대가 태어난 것으로 볼 수 있다는 것이다.

트웬지는 밀레니얼 세대와 i세대 간에는 성격과 사고방식의 불연속성이 존재한다고 주장한다. 그 이유로는 2006년, 즉 i세대의 맏이들이 11세 되던 해에 페이스북의 회원 가입 약관이 변경된 사실을 들 수 있다. 이때부터는 페이스북에 가입하겠다고 대학 입학 사실을 증명할 필요가 없게 되었다. 13세이기만 하면, 혹은 그보다 아직 어려도 13세라고 주장할 의지만 있으면 누구나 페이스북에 가입할 수 있었다. 하이트는 "2007년에 아이폰이 세상에 나오면서 2012년까지의 수년간 미국의 평균적인 10대들의 사회생활 양상이 현격히 달라졌다"며 다음과 같이 말한다.

"이 시기 들어 소셜미디어 플랫폼이 우후죽순 생겨났고, 그렇게 생겨난 트위터(2006), 텀블러(2007), 인스타그램(2010), 스냅챗(2011) 등의 다양한 소셜미디어를 사춘기 청소년들까지 이용하기 시작한 것이다. 그리고 날이 갈수록 이들 회사들은, 업계 표현을 그대로 빌리면, 사람들의 '눈알'을 사로잡고 붙잡는 데 점점 더 능숙해졌다. 그럴수록 소셜미디어의 중독성은 점점 더 강해졌고 말이다."[7]

페이스북의 초대 회장 숀 파커는 2017년 한 인터뷰에서 10여 년 전 업계의 분위기를 솔직하게 설명했다. 그는 "이런 앱들을 구축하는 데 들어간 사고방식은, 페이스북이 최초였습니다만, 그 핵심은 이것이었습니다. '어떻게 하면 사람들에게 자신의 시간, 그리고 의식적 관심을 여기에 가능한 많이 쏟아붓게 할 수 있을까?'"라면서 다음과 같이 말했다.

"그 말은 사람들에게 이따금 약간의 도파민이 분비되는 느낌을 받게 해야 한다는 것이었습니다. 그래서 사진이 됐든 게시물이 됐든, 누군가 와서 좋아요를 누르거나 댓글을 달게 만들어놓았죠. 그러면 사람들은 콘텐츠 올리기에 더 열중하고 그럴수록 더 많은 좋아요와 댓글을 받게 됩니다. 말하자면 '사회적 확인social-validation'의 되먹임 고리 같은 것이지요. 딱 저 같은 해커들이 떠올리기 좋은 발상입니다. 인간 심리의 취약한 부분을 이용해먹는 거니까요."⁸

"어린이에 해를 끼치고 분열을 조장하는 페이스북"

숀 파커는 인터뷰 초반에 이런 말도 했다. "그것이 우리 아이들의 뇌에 무슨 짓을 할지는 오로지 하나님만이 아시겠죠." 꼭 그렇진 않았다. 아이들의 뇌에 부정적인 영향을 미치는 문제는 인간도 알 수 있었고, 이를 폭로하는 내부 고발이 터져 나왔기 때문이다. 페이스북에서 프로덕트 매니저로 근무했던 프랜시스 하우건은 2021년 10월 5일 미국 상원 소비자보호 소위 청문회에 출석했다. 하우건은 "나는 페이스북의 상품들이 어린이들에 해를 끼치고, 분열을 조장하며, 우리 민주주의를 약화시킨다고 믿는다"며, "회사 경영진들은 페이스북과 인스타그램을 어떻게 하면 안전하게 만들 수 있는지 알고 있었지만 천문학적인 이익을 사람보다 우선시했기 때문에 필요한 조치를 취하지 않았다"고 주장했다.

이에 앞서 하우건은 『월스트리트저널』에 인스타그램이 10대 소녀들의 정신건강에 악영향을 미친다는 사실을 알고도 어린이용 인스타그램 개발을 강행했다는 내용의 내부 문건을 제보했고 이는 9월에 연쇄적으로 보도가 되었다. 많은 10대 여성은 인스타그램에 올라오는 유명 인사의 '완벽함'을 접하면서 자신을 비참하게 여기게 되고, 심지어 우울증과 자살 충동으로 이어지는 일이 많다는 것이다. 보도가 나온 뒤 페이스북은 어린이용 인스타그램의 개발을 중단하기로 했지만 파문은 계속 이어졌다. 페이스북이 선거 때마다 횡행하는 가짜뉴스를 적극적으로 막지 않아 정치 분열과 혐오를 조장한다는 비판도 나왔다.[9]

이처럼 뒤늦은 반성문이 줄줄이 나오고 있다. 2022년 7월 21일 『뉴욕타임스』는 정치·외교·경제·기술·사회

각 분야에서 "제가 틀렸습니다 I Was Wrong About……"로 시작하는 반성 칼럼 8개를 게재했다. 그런 반성 칼럼 중의 하나를 쓴 IT 전문 기자 파라드 만주는 "난 2009년 모든 이에게 '페이스북에 가입하라'고 했다. 모두가 페이스북에 몰려가지만 않았어도 세상은 나은 곳이 됐을 텐데, 참 민망하다"고 했다. 이어 "내가 테크업계 사람들은 다 정직하고 착하다고 주장해서인지, 오바마 정부는 페이스북이 경쟁사인 인스타그램·왓츠앱을 먹어치우도록 놔뒀고, 구글 임원들은 백악관을 매주 제집처럼 드나들었다"며 IT업계를 괴물로 키워놨다고 자책했다.[10]

『i세대』라는 책이 던진 핵심적인 질문은 이런 것이다. "왜 오늘날의 초연결되어 있는 아이들은 덜 반항적이고, 더 너그러우며, 덜 행복하게 자랄까. 아울러 왜 어른이 될 준비가 전혀 안 되어 있을까. 이는 우리 미국인들에게 무엇을 의미하는가." 트웬지는 i세대가 소셜미디어의 거대한 사회적·상업적 실험 속에 푹 담긴 채, 인격 형성에 중요한 10대 시절을 보냈던(지금도 보내는 중인) 첫 번째 세대라는 점에 주목한다.

i세대는 술을 덜 마시고, 담배도 덜 피운다. 운전할 때 안전을 더 중시하며, 섹스 경험도 서두르지 않고 기다리는 경향이 있다. 하지만 훨씬 느린 속도로 자란다. 이에 대해 트웬지는 다음과 같이 말한다.

"지금 18세 아이들은 과거 15세처럼 행동하며, 13세 아이들은 과거 10세처럼 행동한다. 오늘날 십대들은 과거 그 어느 때보다 물리적으로 안전한 환경에 있으나, 정신적으로는 더 나약하다."[11]

그래서 i세대의 불안증과 우울증 비율이 높고 정신질환과 자살도 급증하고 있다. 이에 대해 트웬지는 2007년을 기점으로 10대 아이들의 삶 안에 스마트폰과 소셜미디어가 급속히 확산된 것이 2011년부터 10대의 정신건강에 위기가 오게 된 주된 원인이라고 주장한다.[12] 여자아이들의 건강이 더 악화된 것과 관련, 트웬지는 "소셜미디어는 여자아이들이 더 자주 이용하는 만큼, 친구나 급우들이 자신을 빼고 어울리는 것을 보면서 소외감과 외로움을 느낄 기회도 여자아이들이 더 많다"고 말한다.[13]

소셜미디어의 '가해자 지목 문화'

하이트는 소셜미디어가 여자아이들에게 더 가혹한 두 번째 이유는, 공격성을 보이는 방식이 여자아이들과 남자아이들이 다르기 때문이라고 추정한다. 남자아이들은 신체적으로 더 강한 공격성을 보이는 반면 여자아이들은 '관계성' 면에서 더 공격적이기 때문에 자기가 얄미워하는 경쟁 상대의 대인 관계나 평판, 사회적 지위를 손상시키기 위해 무던 애를 쓴다는 것이다. 달리 말해, 남자아이는 집에 가기만 하면 공격에서 벗어날 수 있지만, 소셜미디어의 공간은 그렇지 않아서 여자아이들은 결코 공격에서 벗어날 수 없다는 것이다.[14]

하이트는 "소셜미디어는 사람들의 열정적인 당파심을 이용해 이른바 '가해자 지목 문화'를 양산해내고 있다. 가해자 지목 문화에서는 누군가가 좋은 의도로 한 말을 다른 누군가가 무자비하게 해석해 공개적으로 망신을 주는 것이 가능하다"고 말한다.[15] 사실 이게 바로 PC의 부작용을 증폭시킨 결정적 이유다.

어이없는 사례를 하나 보자. 2014년 미국의 어느 대학교수가 소셜미디어에 어린 딸의 사진을 올렸다. 사진 속 딸의 티셔츠에는 용 그림과 함께 "불을 토하고 피를 흘려서라도 내 것을 차지하겠다"는 문구가 적혀 있었다. 대학 측은 티셔츠의 문구가 '위협적'이라며 문제 삼았다. 교수는 이 문구가 인기 TV 시리즈물인 〈왕좌의 게임〉 내용에서 따온 것일 뿐이라고 해명했지만, 대학 측은 '불'이 AK-47 소총을 가리킬 수 있다고 끝내 고집하면서 교수를 무급 휴직에 처하고 심리 상담을 받게 했다.[16]

노스웨스턴대학 교수 로라 킵니스에 관한 이야기는 어떤가. 여교수인 킵니스는 2015년 3월에 발표한 「대학 캠퍼스를 덮친 성적 피해망상증」이라는 글에서 노스웨스턴대학의 성적 행위 학칙이 잘못되었다고 지적함으로써 이후 2년간 그를 괴롭힐 논란의 한복판으로 뛰어들었다. 그는 특히 어엿한 성인인 학생과 교수 혹은 교직원 사이의 연애를 금지한 것을 비판했다. 그러면서 다음과 같이 주장했다.

"학창 시절에 내가 알고 지낸 페미니즘은 독립성과

회복 탄력성에 무엇보다 중점을 뒀었다. 그런데 어느덧 세월이 흐른 지금은, 학생들의 나약함을 신성시하는 분위기가 너무도 강해져 그것을 타파하기가 도저히 불가능할 지경이 되었다. 안티페미니스트라는 딱지를 붙일 각오를 하지 않으면, 그것에 의문을 던질 엄두조차 내기 힘들다."[17]

킵니스는 1956년생이니, 그가 보낸 학장 시설은 1970년대였을 게다. 미국 대학가에서 '정치적 올바름'이 맹위를 떨치기 시작한 건 1980년대부터였으니, 그는 사실상 '정치적 올바름'과는 거리가 있는 세대에 속한 사람이었다. 운동권 학생들은 킵니스를 표적으로 삼아 맹렬한 시위를 벌이는 동시에 고발까지 하면서 대대적인 공세를 취했다. 대학 당국은 72일간 킵니스를 상대로 조사를 벌였으며, 킵니스는 이와 관련된 책을 출간해 추가 고발을 당하는 등 2년 넘게 이 문제로 시달려야 했다.

"학생들의 나약함을 신성시하는 분위기"

학생과 교수 혹은 교직원 사이의 연애를 옹호한 킵니스의 주장에 논란의 소지가 있는 건 분명하지만, '학생들의 나약함을 신성시하는 분위기'라는 말이 예사롭지 않게 다가온다. 학생 보호를 앞세워 그들을 어린아이 취급하는 게 과연 바람직한 것인가 하는 의문 때문이다. 이와 관련, 그는 나중에 다음과 같은 설명을 내놓았다.

"이런 식의 보호가 사람들을 '덜' 나약하게 만들기는커녕, 오히려 '더' 나약하게 만들고 말았다는 생각이 내 뇌리를 떠나지 않았다. 대학을 떠나 거친 세상 속으로 나가면 학생들 앞을 가로막는 장애물이 한둘이 아닐 텐데, 그땐 아무리 숱하게 상처 입고 업신여김을 당해도 곁에서 그들을 지켜줄 사람은 아무도 없다. 그리고 그런 일들은 우리가 자잘한 일상을 살아가면서 반드시 수없이 겪어야 하지 않던가."[18]

2015년 10월 예일대학에서 일어난 일도 그런 의문을 갖게 만들기에 충분했다. 예일대학 당국은 학생들에게 다른 사람들을 불쾌하게 만들 수 있는 핼러윈 의상을 입지 말

것을 권고했다. 그러자 기숙사 책임자인 에리카 크리태키스는 자신이 관할하는 기숙사의 모든 학생에게 학교 당국이 무엇을 입어야 할지 결정하도록 내버려두지 말고 학생들 스스로 결정할 것을 권하는 내용의 이메일을 발송했다.

크리태키스는 이메일에서 "미국 대학들은 한때 성숙한 경험뿐 아니라 어느 정도 퇴행적이거나 문제의 여지가 있는 경험도 용인되는 곳이었습니다. 하지만 점차 비난과 금지가 난무하는 곳으로 바뀌어가고 있습니다"라면서 다음과 같이 말했다.

"여러분들이 스스로 무언가를 비난하고 금지하는 것이 아니라 학교 당국이 무엇을 비난하고 금지할지 결정합니다. 이런 식의 권력 이양에 불만을 느끼는 사람은 없나요? 우리 젊은 학생들에게 사회규범을 통해 스스로를 비판하고 자신들을 불편하게 만드는 것을 무시하거나 거부할 능력이 있다는 믿음이 사라진 걸까요?"[19]

이 이메일 하나 때문에 크리태키스는 학생들에게 큰 봉변을 당해야 했다. 학생들은 그가 소수인종 학생들이 안전하게 생활할 수 있는 공간을 만들지 않는다며 사임을 요구했다. 한 무리의 시위대는 통로를 걷고 있던 크리태키스와 그의 남편 니컬러스를 에워싸고 거친 훈계를 하기 시작했다. 크리태키스에겐 대답할 기회조차 주지 않고 계속 자기들만 외쳐댔다. 그들의 메시지는 "이 기숙사를 집 같은 곳으로 만들어야죠!"라는 것이었다.

이 사건과 관련해, 예일대학 교수 더글러스 스톤과 메이 슈와브-스톤은 『뉴욕타임스』에 이런 글을 기고했다.

"예일대 같은 대학들은 대학이 가족이라는 안전한 보호소에서 벗어나 성인이 갖추어야 할 자율성과 책임감을 배워가는 과도기적인 곳이라는 생각을 고취시키려 하지 않고, 집과 같은 환경을 제공해주어야 한다는 암묵적인 관념에 굴복하고 있다."[20]

"학생들은 반드시 만족시켜야 하는 소비자"

그런 안전 강박증은 교수들의 자기검열을 강요하고 있다. 교수의 강의 내용에 대해 학생들이 집단적으로 항의

하면, 이는 '스트라이크 1개'로 여겨진다. 종신 재직권을 받지 못한 조교수가 스트라이크 2개나 3개를 받으면 위험해진다. 그 대학을 떠나야 할지 모른다. 그래서 그런 교수들 역시 학생들처럼 자기 안전을 지키기 위해 자기검열을 해야만 한다.

종신 재직권을 받은 교수라고 해서 그런 자기검열에서 자유로운 건 아니다. 앞서 본 것처럼 킵니스가 당한 봉변에서 알 수 있듯이, 견디기 어려운 고난의 시간을 보내야 하기 때문이다. 따라서 논란의 소지가 있는 말은 아예 하지 않는 게 최상책이다. 뉴욕대학 교수인 하이트는 종신 재직권이 있을 뿐만 아니라 세계적으로도 유명한 교수이지만, 몸을 사리는 데에 철저하다. 그는 2018년 오하이오주 클리블랜드에 있는 케이스웨스턴리저브대학 강의에서 다음과 같이 말했다.

"저는 뉴욕대학에서는 위험을 감수하지 않습니다. 논란의 소지가 있는 말은 절대 안 하죠. 여러분은 저를 신고할 수 없으니, 여러분과는 논쟁을 벌일 수 있습니다. 여러분을 불쾌하게 만드는 말을 한다고 해도 여러분은 제게 아무엇도 할 수 없죠. 그러나 만일 뉴욕대학이라면, 학생들이 생각하기에 불쾌한 말을 할 경우, 그들이 저든 다른 어느 누구든 신고할 전화번호나 이메일 주소를 알려주는 표시가 화장실마다 있습니다. 그래서 뉴욕대학에서는 모험을 하지 않습니다."[21]

우습지 않은가? 그런데 왜 그런 우스꽝스러운 일들이 벌어진 걸까? 하이트는 대학의 '기업화'와 '관료주의화'에서 그 이유를 찾는다. 대학은 학생들을 반드시 만족시켜야 하는 소비자로 바라보기에 이르렀고, 그래서 교수들보다는 관리자들의 역할 비중이 커졌으며, 이렇듯 대학 내 관료주의가 성장하면서 관리자들이 학생들을 보호해야 할 임무가 확대된 탓이라는 것이다.[22]

세상 참 묘하다. 미국 대학은 학생 보호에 과잉인 반면 한국 대학은 학생들 스스로 강하게 크라는 식으로 방치하는 경향이 있으니 말이다. 물론 한국 대학들도 많이 달라져 가고 있긴 하지만, 이 또한 미국에서 벌어진 것과 같은 문제가 있다는 데에 우리의 고민이 있다. 우리도 미리 마음의 준비나마 해두는 게 좋겠다.

'보호'는 아름다운 말로 여겨지지만, 다른 관점에서
보자면 그건 바로 규제와 개입이다. 처음엔 아무리 좋은 뜻
으로 시작한 일일지라도 규제와 개입은 그 일로 먹고사는
사람들이 생겨나면서 점차 늘어나고 강해지기 마련이다.
규제와 개입이 다다익선多多益善이라고 할 수 없다면, 그리
고 '유치원 국가'에 살기를 원치 않는다면, 어느 지점에선
가 선을 그어야 할 것이다.

제5장

'마이크로어그레션'과

'가해자 지목 문화'[1]

'끔찍한 고문'의 잔치판이 된 명절

"돌아보면 어릴 때의 추석이 제일 좋았다. 항상 용돈에 인색했던 부모님들과 달리 주머니에 고액권을 찔러 주시는 집안 어른들이 오시길 얼마나 손꼽아 기다렸던가. 또한 군침만 흘리던 장난감을 선뜻 손에 넣는 재미는 그 얼마나 쏠쏠했던지. 그런 명절이 머리가 굵어지면서 슬슬 싫어지기 시작했다. 특히 수능을 앞둔 때와 청년 백수 시절은 끔찍한 고문이었다. 집안 어르신들은 '누구는 반에서 1등 했다더라'거나 '친구네 자식은 공기업에 취업했대'라는 말씀으로 가슴을 후벼 팠다. 그나마 지금은 그런 잔소리를 속으로 되묻는 요령이 생겼다. '제 친구네 부모님은 벌써 집을 마련해줬다던데, 노후 준비는 잘 하셨나요?' 물론 혼잣말로 삭일뿐이다."[2]

『중앙일보』기자 손광균이「그리운 추석 고문의 추억」이라는 칼럼에서 털어놓은 이야기다. 이젠 누구나 다 아는 상식이 되었지만, 명절은 젊은이들에겐 그런 '끔찍한 고문'의 잔치판이 된다. 2015년 한 취업 포털사이트가 1,546명을 대상으로 조사한 결과에선 '설 연휴를 앞두고 가장 걱정되는 것'으로 '잔소리 등 정신적 스트레스'(26.7퍼센트)를 꼽은 사람이 가장 많았다. "너 뭐 먹고살래?" "올해 네가 몇 살이지?" "결혼은 할 수 있겠니?" 등이 가장 듣기 싫은 잔소리로 꼽혔다. 응답자의 37.8퍼센트는 이런 스트레스 때문에 아예 고향에 가지 않을 계획이라고 했다.[3]

이런 고문은 취업 후에도 계속된다. 직장인들이 '명절에 하는 거짓말 1위'는 '연봉'이다.[4] 은퇴를 하고 나면 또 다른 고문이 기다리고 있다. 심 모씨(61)는 "요즘 뭐하고 지내느냐"는 친척들의 말이 듣기 싫어 명절이 반갑지만은

않으며, 특히 처남이 "매형은 요새 뭐하시느냐"고 묻는 것이 큰 스트레스라고 했다.[5]

이렇듯 생각한답시고 묻는 말이 듣는 이들에겐 스트레스와 상처를 준다. 이는 한국형 '마이크로어그레션 microaggression'이라고 할 수 있겠다. microaggression은 미국 하버드대학 교수이자 정신과 의사인 체스터 피어스가 만든 말로, 원래 흑인에 대한 언어적 차별과 모욕을 묘사하기 위해 만든 것이다. 1973년 MIT 경제학 교수 메리 로는 이 개념의 적용 대상으로 여성을 포함시켰으며, 이후 장애인이나 빈곤층 등 사회적 약자 전반으로 그 적용 범위가 넓어졌다. microaggression은 2017년 미국을 대표하는 영어사전 『메리엄웹스터』에 신조어로 등재되었다.[6]

미국에서 아시안에 대한 미묘한 차별

『일상생활에서의 마이크로어그레션Microaggressions in Everyday Life: Race, Gender, and Sexual Orientation』(2010)의 저자

인 데럴드 윙 수Derald Wing Sue는 의도했든 의도하지 않았든 언어적 혹은 비언어적으로 무시 혹은 모멸감을 주어 상대방이 소외감을 느낄 때 마이크로어그레션이라는 용어를 쓸 수 있다고 정의했다.[7]

케빈 나달은 마이크로어그레션을 microassault(미묘한 공격: 명백하고 가시적인 구식의 차별적 말이나 행동), microinsult(미묘한 모욕: 소수자에 대한 무례함이나 비하 등이 내포된 말이나 행동), microinvalidation(미묘한 무효화: 소수자의 감정, 생각 혹은 경험을 인정하지 않거나 소수자를 배제시키는 말이나 행동)이라는 세 가지 유형으로 구분했다. 이와 관련, 김은하 등은 다음과 같이 말한다.

"세 유형 중, 미묘한 모욕은 차별을 행하는 행위자나 당하는 피해자 모두 명확하게 의식하지 못한 채 발생하는 간접적이고 교묘한 차별로, 많은 사람들이 관습적이거나 정상적인 것으로 지각하기 때문에 눈에 띄지 않거나 문제점으로 인식되지 않는 경우가 많다. 하지만 관련 연구에 따르면, 미묘한 모욕을 경험한 여성은 자존감, 불안, 우울 등에 취약한 것으로 나타났고, 미묘한 모욕이 명백하고 노골적인 차별보다 오히려 더 부정적인 결과를 초래하는 것으로 확인되었다."[8]

미국에선 최근엔 이 개념이 인종차별 중에서도 아시안 차별에 많이 적용되고 있다. 아시안 차별은 흑인이나 히스패닉 차별에 비해 훨씬 미묘하게 이루어지고 있기 때문이다. '아시안은 영원한 이방인'이라는 인식이나 '아시안은 성공했다'라는 고정관념이 바로 그런 차별의 온상이 된다.

미국 조지타운대학 한인 학생 강하나는 "노골적인 인종차별보다는 겉으로 명확히 드러나지 않는 미묘한 차별을 겪었다"며, "예를 들어 (미국 내 출신 지역이 아닌 아시안 국가 중 출생지를 묻는) '어디 출신이야?'라는 질문이나 남한 또는 북한 출신인지를 묻는데 이처럼 백인 학생들은 아시안 학생을 대할 때 '아시안'이란 이름표를 떼지 않고 행동한다"고 밝혔다.

이러한 미묘한 차별로 인해 아시안 학생들은 인종차별 시위 동참에도 어려움을 겪는 것으로 나타났다. 강하나는 "시위에 참여한 흑인 학생들이 '아시안은 성공한 소수계 모델로 사회적 약자가 아니기 때문에 이번 인종차별 시위에 동참할 권리가 없지 않느냐'라고 되물었다"고 소개하고 시위에 동참할지에 대해서조차 갈등을 겪었다고 밝혔다.[9]

동성애자·트랜스젠더 차별

동성애자도 마이크로어그레션의 주요 대상자가 되기도 한다. 데럴드 윙 수는 동성애에 대한 마이크로어그레션을 ① 동성애 성향의 사람과 성 또는 성적인 행위를 지나치게 관련시키는 일, ② 동성애나 동성애자에 대한 혐오나 두려움, ③ 동성애 차별적인 언어나 용어 사용, ④ 동성애를 죄악시하는 것, ⑤ 동성애를 비정상으로 보는 것, ⑥ 동성애 차별적일 가능성에 대한 부인, ⑦ 이성애 중심적 문화나 행동을 일삼는 것 등 7개의 범주로 분류했다.[10]

영국의 많은 학교는 마이크로어그레션을 교칙으로 금지해 학생들이 가볍게라도 "그거 진짜 게이스럽다!"와 같은 말을 하지 않도록 지도하고 있지만, 여전히 학생들, 특히 남학생들 사이에서 트랜스젠더 학생은 혐오와 조롱의 대상이 되고 있다. 알리 조지는 2017년 『가디언』에 기고한 「트랜스젠더 학생을 대하는 교사를 위한 가이드」라는 글에서 다음과 같은 해법을 제시했다.

"교사의 감시가 없는 화장실은 집단 괴롭힘이 일어나기 쉬운 장소입니다. 트랜스젠더 학생이 쉬는 시간 시작과 함께 조금 먼저 교실을 나갈 수 있도록 해주면, 안전하게 화장실을 사용하는 데 도움이 됩니다. 수업 시간에도 트랜스젠더 학생은 물론 모든 학생들에게 롤 모델이 될 만한 IT, 문화예술계의 트랜스젠더 유명 인사들을 소개해주는 것도 좋은 방법입니다. 도서관에도 성소수자 인권 관련 도서를 배치하면 좋겠죠. 우리 교실은 성적 소수자에게 열려 있는 공간임을 보여주는 포스터를 관련 단체에서 지원받아 붙이거나, 학생들 스스로 만들어보도록 하는 것도 좋은 방법입니다."[11]

물론 그런 배려에 대해 모든 사람이 다 동의하는 건 아니다. 미국 정치철학자 마크 릴라는 『더 나은 진보를 상상하라』(2017)에서 "금기가 논쟁을 대체한다. 평균보다 더 특권적인 우리의 캠퍼스들은 때때로 태곳적 종교의 세계에 머물러 있는 것처럼 보일 수 있다. 특정 주제들에 대해서 발언하는 것은 오직 승인된 정체성 지위를 가진-샤먼들과도 같은-자들에게만 허용된다"며 다음과 같이 말한다.

"특정 집단-현재는 트랜스젠더 집단-은 일시적으로 토템에 준하는 중요성을 부여받는다. 숙청 의례에서 절차에 따라 지목되는 희생양들로 캠퍼스가 넘쳐난다.……늘 이의를 제기하고 울타리를 넘는 급진주의자로 자부하는 좌파 정체성주의자들은 언어에 관해서만큼은 과묵한 개신교도 여선생처럼 되었다. 그들은 모든 대화에서 오만한 표현들을 찾아내고, 부주의로 그런 표현을 사용한 사람들을 마치 옛날 선생들이 학생을 체벌하듯이 제재한다."[12]

미세먼지처럼 해롭고 만연한 '먼지 차별'

마이크로어그레션은 우리말로 '미세 공격'으로 번역해 쓰기도 하지만, 워낙 널리 쓰이다 보니 그냥 외래어로 쓰는 것도 익숙해졌다. 마이크로어그레션이라는 용어의 취지를 생각하자면, 명절 때 스트레스나 상처를 주는 말을 마이크로어그레션에 포함시켜도 무방할 것 같다. 아니 꼭 포함시켜야 한다. 그런 말을 하는 사람에게 '마이크로'하긴 하지만 '어그레션'을 하고 있다는 자각을 갖게 해야 조심하는 자세를 가질 수 있다고 보기 때문이다.

김환영은 "'미세 공격'의 특징은 미묘함·모호함·비의도성非意圖性이다. 차별적 발언인 것 같기도 하고 아닌 것 같기도 하다. '미세 공격'에는 무심코 내뱉은 말이나 혼잣말도 포함될 수 있다. 말을 한 사람이나 들은 사람이나 예민하지 않은 사람들은 포착하지도 못할 말들이다.……우리 사회 상황에서도 적용될 수 있을까. 예컨대 영문과를 졸업한 사원에게 '영어로 e메일 쓸 줄 몰라?'라고 한다면, 전라도 요리사에게 '음식 맛이 그저 그러네'라고 한다면 '미세 공격' 사례에 포함될까"라면서 다음과 같이 말한다.

"'반말'도 한국식 '미세 공격 이론'의 쟁점으로 떠오를 수 있다. 이런 상상을 해본다. 24세기 우리 후손들은 '반말'이 뭔지 몹시 궁금해할지 모른다. 나이 든 분들 중에는 자신보다 어려 보이면 말부터 놓는 분들이 있다. 우리는 사실 전혀 모르는 사람도 할머니·이모·아저씨라고 부른다. 당연히 나이가 어린 사람들에게 하대下待하는 언어생활을 수백, 수천 년 넘게 했다. 그러다 어느 날 갑자기 '왜 처음 보는 사람에게 반말하시는 거죠'라는 말을 듣게 된다. 초등학생에게도 반말하면 절대 안 되는 시내가 곧 개막할 수 있다."[13]

여성인권 단체 '한국여성의전화'는 페미니즘의 관점에서 마이크로어그레션을 '먼지 차별'로 번역해 사용한다. 하나하나는 너무 작아 티가 나지 않아 쌓이고 나서야 보이는 미세먼지 같은 차별이라는 의미에서다. 일상에서 여성에 대해 흔히 저질러지는 '먼지 차별'은 다음과 같은 발언들이다. "여자는 능력 없으면 그냥 취집(취업+시집) 가." "넌 살만 빼면 남자들한테 인기 많을 거야." "직업이 교사면 나중에 시집 잘 가겠네." "안 그렇게 생겼는데 담배를 피워?" "얼굴 예쁘면 3개월, 요리 잘하면 평생 사랑받아."[14]

한국여성의전화는 누리집에 먼지 차별로 볼 수 있는 언행 등을 점검하는 꼭지를 개설해두고 있다. 이 단체 인권팀장 조재연은 "먼지 차별이 전제하는 편견들이 차별과 폭력으로 이어지는 출발점이라는 측면에서 어떤 언행이 먼지 차별인지 인식하는 일이 중요하다"고 말했다. 서울대학교 여성연구소 객원연구원 이진희는 "무심코 하는 작은 차별적 발언들을 당연시하게 되면 젠더 폭력 등은 사라질 수 없다"며, "다양성 교육을 통해 성인지·인권 감수성을 높여야 한다"고 말했다.[15]

'의도'를 완전 무시해도 괜찮은가?

그렇다. 핵심은 바로 감수성의 문제다. 앞서 지적되었듯이, 마이크로어그레션 가운데 가장 흔한 유형인 '미묘한 모욕'은 많은 사람이 관습적이거나 정상적인 것으로 지각하며, 그래서 눈에 띄지 않거나 문제점으로 인식되지 않는 경우가 많기 때문이다. 명절이 어떤 사람들에게 '끔찍한 고문'의 잔치판이 되기도 하는 것은 바로 그런 이유 때문이다.

마이크로어그레션에 대한 경각심을 높이기 위해 '명

절 고문'을 비교 설명의 사례로 활용하는 건 어떨까? 마이크로어그레션이 싫어서 명절에 고향을 가지 않는 남자들 중엔 페미니즘을 혐오하는 사람이 적잖을 게다. 왜 이들은 동병상련同病相憐이나 역지사지易地思之에 등을 돌리는 걸까? 따지고 보면, 비슷하거나 거의 같은 문제로 스트레스를 받거나 상처를 받는데도 말이다. 이 무런 생각 없이 같은 문제로 피해자이면서 가해자가 되는 모순을 해결하기 위해서라도 '명절 고문'을 마이크로어그레션에 포함시켜야 할 이유는 충분하다고 볼 수 있겠다.

그런데 문제는 다시 과유불급過猶不及이다. 데럴드 윙수를 비롯한 일부 전문가들은 '비의도적인' 무례까지 미세공격에 포함시키고, 아울러 전적으로 듣는 사람 입장에서만 무례를 정의 내림으로써 큰 혼란을 불러일으켰다.[16] 어떤 말이건 '의도intent'보다는 '영향impact' 중심으로 판단하는 분위기가 우세하며, 일부 운동가들은 오직 '영향'만 강조한다.

이에 대해 사회심리학자 조너선 하이트는 "여기서 '의도'는 심지어 필요성조차 갖지 못한다. 예를 들어 어떤 정체성 집단의 구성원 하나가 누군가의 행동에 의해 공격이나 억압을 당했다고 느끼면, 이 영향 대 의도의 패러다임에 따라 그 타인은 편협한 행동을 했다는 죄목을 뒤집어쓰게 된다"고 지적한다. 웹사이트 '에브리데이 페미니즘 EverydayFeminism.com'에 올라와 있는 한 글의 설명을 보면 이렇다.

"결국 우리의 행동에 있어 '의도'가 뭐 그리 중요한가? 만약 우리의 행동이 주변 사람들을 더욱 소외시키고 억압하는 '영향'을 준다면 말이다."[17]

정말 그럴까? 대체적으로 그럴 수 있다 하더라도 우리는 그렇지 않을 예외적인 경우를 생각해야 하지 않을까? 학생들에게 자신에게 미친 영향 중심으로 불쾌하다고 생각하면 그걸 공격 행위로 해석하라고 가르치는 건 너무 심하지 않은가? 하이트는 다음과 같이 말한다.

"어떤 학생이 그런 말을 듣고 퍼뜩 자신이 공격당했다는 느낌을 받았다고 치자. 그럴 때 그 학생은 자신이 받은 느낌을 끌어안은 채 미세 공격의 희생자라는 딱지를 스스로에게 붙이는 게 나을까, 아니면 정확한 사실들에 근거한 보다 너그러운 해석이 있지 않은지 스스로 자문해보는 편이 나을까? 물론 너그럽게 해석한다고 해서 반드시 잠자코 있어야 한다는 뜻은 아니다. 오히려 이는 다양한 종류의 건설적 반응이 나올 여지를 열어준다."[18]

SNS가 부추긴 '가해자 지목 문화'

하이트는 너그러운 태도란 아마도 "내게 상처를 주겠다는 생각으로 그 말을 한 건 아니겠지만, 그 말을 이러저러하다는 뜻으로 받아들이는 사람도 있을 수 있다는 사실을 아셨으면 좋겠어요"라고 말하는 것이라면서 "이런 식으로 상황에 접근하면 학생들은 상처를 받는다고 느낄 때 더 수월하게 대처할 수 있게 될 뿐 아니라, 희생자 스토리로 흐를 법한 이야기가 능동적 주체 의식을 발휘한 이야기로 뒤바뀌게 된다"고 말한다.

"이렇게 하면 사람들과의 상호 교류에서 긍정적 결실이 맺어질 가능성도 훨씬 높아진다. 물론 사람들이 더 각별히 신경 써서 다 같이 입조심을 하는 것도 가능한 얘기지만, 흉중에 어떤 악의도 품지 않은 사람을 군이 편협한 자로 모는 것은 사람을 대하는 온당한 방식이 아니다. 그런 식으로 사람을 몰면 외려 아무리 소중한 피드백을 해주어도 사람들이 수용하려 하지 않을 것이다. 아울러 자신과는 다른 저쪽 편 사람들과는 더이상 얽히고 싶지 않다고 생각할 수 있다."[19]

한 사례로, 브루킹스연구소에서 연구 중인 샤디 하미드가 2018년 2월 『애틀랜틱』에 기고한 글을 감상해보자. 그는 "나는 아랍인이자 동시에 무슬림이기 때문에 '어느 나라에서 오셨나요?', 그리고 '이곳 태생입니까?' 하는 질문을 상당히 자주 받는다. 그렇다고 해서 그것이 나에 대한 공격이라고는 잘 생각되지 않는다"며 다음과 같이 말했다.

"사회적 정체성을 중요시하는 우리 시대에는, 뭔가를 공격으로 간주하는 기준이 상당히 낮아져버려 민주적 토론이 무척 힘들어진 상황이 되었다. 시민들이 만약 '편협하다' 혹은 '배려가 없다' 따위의 딱지가 붙을까 두려워한다면, 그들은 자신의 진솔한 의견을 드러내지 않을 가능성이 더욱 크기 때문이다."[20]

정체성 정치identity politics와 마이크로어그레션에 대한 과도한 감수성이 결합되면,[21] 이른바 '가해자 지목 문화call-out culture'가 발달하기 딱 알맞은 환경이 조성된다. 하이트는 "가해자 지목 문화란, 학생들이 공동체 성원 누군가가 자신에게 가한 사소한 공격을 찾아낸 뒤, 그것을 내세워 가해자를 공개적으로 '지목'하는 것을 말한다"며 다음과 같이 주장한다.

"이러한 가해자 지목 문화의 형성에는 꼭 필요한 요건이 있다. 바로, 주변에 쉽게 군중이 모여들 수 있어야 하고, 가해 혐의자에게 망신을 주거나 그를 벌한 사람을 이들 군중이 추켜세울 수 있어야 한다는 것이다. 이것이 바로 소셜미디어가 사회를 변화시킬 만큼 막강한 위력이 있는 까닭 중 하나다."[22]

표현의 자유를 억압하는 캠퍼스 문화

소셜미디어의 세계는 이른바 '침묵의 나선 이론'이 지배하는 세상이다. 이 이론을 제시한 엘리자베스 노엘레-노이만은 "사람들은 소외당하는 것을 영원히 두려워하며 산다. 그리고 어떤 의견이 커지고 어떤 의견이 줄어드는지를 알기 위해 환경을 주의 깊게 관찰한다"며 다음과 같이 말한다.

"만약 자기의 생각이 지배적인 의견이라는 것을 알게 되면 공개적으로 자유롭게 의견을 표출하고, 자신의 견해가 지지 기반을 잃고 있다고 판단되면 의견을 감추고 조용해지게 된다. 한 집단은 자신 있게 의견을 표출하는 반면 다른 집단은 입을 다물기 때문에 전자는 공적으로 강하게 나타나고 후자는 숫자보다 약해지게 된다. 이것은 다른 사람에게 스스로를 표현하게 하거나 침묵하게 만들며, 나선형의 과정이 나타나게 된다."[23]

가해자 지목 문화는 바로 그런 과정이 적나라하게 나타나는 문화다. 하이트는 이 문화 안에서 살아가려면 "경계심, 두려움, 자기검열이 요구된다"며 이렇게 말한다.

"설령 대중 앞에서 망신당하는 사람에게 측은함을 느끼는 이들이 군중 안에 상당수 존재하더라도 그들은 속내를 입 밖으로 발설하기 두려워하고, 그래서 군중도 하나같이 가해자를 싸잡아 비난하는 듯한 잘못된 인상이 생겨난다."[24]

미국 스미스대학의 한 학생이 2014년 가을 학기에 자신이 어떻게 가해자 지목 문화에 이끌려 들어갔는지 묘사한 글을 감상해보자. 그는 "스미스대에 갓 입학하고 얼마 동안, 나는 친구들의 대화 속에서 어느 한쪽이 다른 한쪽에게 네 의견은 틀렸다고 말하는 걸 수도 없이 목격할 수 있었다. 그런 대화가 오갈 때면 거의 어김없이 '공격적'이라는 단어가 논리 전개에 이용되곤 했다"며 다음과 같이 말했다.

"그런데 단 몇 주 안에 학생들은 숙고하지 않는 이 새로운 방식에 빠르게 동화되었다. 그들은 정치적으로 올바르지 못한 견해를 대번에 찾아내고, 그 '실수'를 들먹이며 해당 학생을 공공연히 지목했다. 나는 점점 더 속내 의견을 입 밖에 내지 못하게 되었다. 대학은 사상·표현의 자유를 내거는 공동체인데도, 거기서 나를 이래저래 질책하고 판단하는 일이 없기를 바랐던 것이다. 다른 모든 학생들도 그랬지만, 나는 내가 뭔가 '공격적인' 말을 할까 두려워 조심조심 살얼음판을 걷는 법을 배워야 했다. 여기서는 그게 사회적인 규범이다."[25]

'피해자 의식 문화'를 넘어서

'가해자 지목 문화'와 한 쌍을 이루는 건 '피해자 의식 문화victimhood culture'다. 사회학자 브래들리 캠벨과 제이슨 매닝은 2014년 『비교사회학』에 기고한 논문 「마이크로어그레션과 도덕 문화Microaggression and Moral Cultures」에서 '피해자 의식 문화'는 예전의 '품격 문화'와는 다르다고 분석했다. 하이트는 다음과 같이 설명한다.

"품격 문화가 제대로 기능하는 곳에서는 남들이 자신을 어떻게 생각하건 사람들에게 각자 나름의 품격과 가치가 있다고 여기기 때문에, 이따금 시시콜콜하게 무시를 당해도 거기에 일일이 격한 반응을 보일 필요가 없다고 여기는 게 보통이다.……사람들은 사소한 짜증이나 무례, 갈등은 툭툭 털어버릴 만큼 충분한 자기 통제력을 갖추고 있기 때문에, 누가 뭐라 하든 개의치 않고 자기 일을 묵묵히 밀고 나간다."[26]

품격 문화에서 드러나는 한 가지 분명한 징후는 아이들이 "작대기나 돌덩이가 내 뼈를 부러뜨릴지언정, 말들은 결코 날 해치지 못한다" 같은 말들을 배우지만,[27] '피해자 의식 문화'는 말의 파괴력을 지나치게 과장하는 경향이 있다. 캠벨과 매닝의 논문에 따르면, 피해자 의식 문화에서는 다음과 같은 세 가지 뚜렷한 특징이 나타난다.

첫째, 개인이나 집단은 사람들이 범하는 무례에 대해 고도로 민감한 반응을 보인다. 둘째, 제3자에게 항의하는 식으로 갈등을 해결하려 하는 경향을 보인다. 셋째, 도움받을 자격이 있는 피해자라는 이미지를 구축하기 위해 애를 쓴다. 피해자 의식 문화가 등장하기 위해서는 관리자 혹은 법률 전문가가 존재해야 하는 것이 선결 요건이다. 즉, 이들이 누군가의 설득에 넘어가 한쪽 편에 서서 개입할 수

있어야 하는 것이다.[28]

앞서 보았듯이, 미국에서 아시아계 미국인들은 대체적으로 "어디에서 왔어?"라는 질문을 불쾌하게 받아들인다. 하지만 다르게 받아들일 수도 있다. 트웬지가 자신이 일하는 샌디에이고주립대학 학생들을 대상으로 실시한 설문조사에서 "어디에서 왔어?"라는 질문이 마이크로어그레션에 해당한다고 답한 학생은 18퍼센트에 불과했다. 다른 설문조사에서 남아시아 출신의 어느 젊은 남성은 "나는 일주일에 한번은 '어디에서 왔어?'라는 질문을 받는다"며 다음과 같이 말한다.

"피해자 의식 문화는 내게 이런 질문이 인종차별에 근거해 나를 불쾌하게 만드는 마이크로어그레션이라고 이야기한다. 하지만 그렇지 않다. 우리는 다문화 사회에서 살고 있으며 누가 어디에서 왔는지 항상 명확하게 알 수 있는 것도 아니다. 나는 다른 사람들이 나의 배경을 궁금해한다는 이유만으로 그들이 인종차별주의자라고 생각하지 않는다. 하지만 피해자 의식으로 가득한 문화는 내게 그래야 한다고 이야기한다."[29]

결국 생각하는 자세의 문제가 아닌가 싶다. 설령 마이크로어그레션으로 여겨 상처를 받는다 할지라도, 상처를 어떻게 생각할 것이냐에 따라 또다른 출구가 우리를 기다리고 있다. "예전엔 상처받은 사람은 언제나 '약자'이거나 더 사랑하는 사람이라고 생각했지만 이제 달라요. 상처는 깨달음의 쾌락과 배움에 지불하는 당연한 대가이고, 안다는 것은 곧 상처받는 일이어야 한다고 생각해요."[30] 여성학자 정희진의 말이다. 그런 발상의 전환을 해보는 건 어떨까? 정희진은 『페미니즘의 도전』에서 "상처에서 새로운 생명, 새로운 언어가 자란다"며 다음과 같이 말한다.

"'쿨 앤 드라이', 건조하고 차가운 장소에서는 유기체가 발생하지 않는다. 상처받은 마음이 사유의 기본 조건이다. 상처가 클수록 더 넓고 깊은 세상과 만난다. 돌에 부딪친 물이 크고 작은 포말을 일으킬 때 우리는 비로소 물이 흐르고 있음을 깨닫게 되며, 눈을 감고 돌아다니다가 벽을 만나면 자기가 서 있는 위치를 알게 된다. 이처럼 앎은 경계와의 만남에서 가능하다. 그러므로 편안한 상태에서 앎은 없다."[31]

꼭 편안하지 않은 상태까지 감수하면서 배움과 앎에 매달려야 하느냐는 반론도 가능하겠지만, 배움과 앎을 학교에서 하던 공부 개념으로 생각하지 않으면 좋겠다. 사실 상처를 느끼는 것도 최소한의 배움과 앎이 있었기에 가능한 게 아닐까? '가해자 지목 문화'와 '피해자 의식 문화'는 반드시 넘어서야 할 우리의 과제일 게다.

제6장

'언더도그마'와

'약자 코스프레'의 악순환

약자는 늘 선하고 고결한가?

"전 세계의 모든 언더도그들은 들어라. 언젠가 우리가 질 날이 올지도 모르지만 그게 오늘은 아니다. 오늘 우리는 싸울 것이다."[1]

2017년 2월 13일 발매된 방탄소년단BTS의 2집 리패키지 앨범에 수록된 노래 〈Not Today〉의 가사다. 세계 정상의 위치에 우뚝 선 오늘날엔 별로 실감이 나지 않을지 모르지만, BTS는 언더도그의 대변자로 출발했다.

언더도그underdog는 "(생존 경쟁 따위의) 패배자, 낙오자, (사회적 부정이나 박해 등에 의한) 희생자, 약자"를 뜻한다. 반대말은 overdog(지배계급의 일원), top dog(승자, 우세한 쪽)다. 투견鬪犬에서 밑에 깔린 개, 즉 싸움에 진 개를 언더도그라고 부른 데서 유래한 말이지만, 옛날 벌목 산업의 나무 자르기 관행도 이 표현의 유행에 일조했다. 큰 나무는 미리 파둔 땅 구덩이 위로 나무를 걸쳐둔 뒤 위아래로 톱질하는 방식으로 나무를 잘랐는데, 구덩이 속에 들어가 톱질을 하는 건 매우 어려운 고역이었다. 구덩이 속에서 톱질을 하는 사람을 under dog, 나무 위에서 톱질을 하는 사람을 top dog라고 불렀다고 한다.[2]

광고계엔 '언더도그 마케팅'이라는 게 있다. 특정 브랜드를 띄우는 데에 '초라한 시작', '희망과 꿈', '역경을 이겨내는 도전 정신'을 강조하는 마케팅이다. 이 마케팅은 초라한 시작과 더불어 고난과 시련의 역사를 갖춘 나라에서 잘 먹힌다.[3] 고난과 시련으로 말하자면 한국도 만만치 않은 나라다. 언더도그 스토리가 늘 한국 선거판의 단골 메뉴로 등장하는 건 당연한 일인지 모른다.

하지만 언더도그에 대한 우대가 맹목적으로 흐르면

사회적 문제를 유발한다고 생각하는 사람들도 있다. 미국의 보수 운동 단체인 티파티의 전략가인 마이클 프렐도 그런 사람 중의 하나다. 그는 언더도그underdog에 도그마 dogma라는 단어를 붙여 언더도그마underdogma라는 말을 만들어냈다. 그가 『언더도그마』(2011)라는 책에서 내린 정의는 다음과 같다.

"언더도그마는 힘이 약한 사람이 힘이 약하다는 이유만으로 선하고 고결하며, 힘이 강한 사람은 힘이 강하다는 이유로 비난받아 마땅하다는 믿음을 가리킨다. 언더도그마는 단순히 약자 편에 서는 것이 아니라 힘이 약하다는 이유 때문에 무조건 약자 편에 서고 그 약자에게 선함과 고결함을 부여하는 것이다."[4]

왜 9·11 테러리스트들의 '용기'를 거론하나?

프렐은 "언더도그마는 평등주의나 힘의 불균형을 바로잡으려는 욕망과는 다르다"며, "언더도그마는 많이 가진

자에 대한 경멸과 덜 가진 자에 대한 유치한 찬양이라고 할 만하다"고 말한다.[5] 아닌 게 아니라 그런 유치한 사례가 우리 주변엔 흘러넘친다. 2001년 9·11 테러 이후에 벌어진 일은 언더도그마가 유치한 수준을 넘어 역겨울 수도 있다는 걸 보여주었다.

9·11 테러 사망자는 2,996명으로 집계되었지만, 처음엔 3,000명 이상이 사망한 것으로 추정되었다. 테러 이틀 후인 9월 13일 프랑스의 『르몽드』는 헤드라인으로 "이제 우리는 모두 미국인"이라고 선언하며 미국에 강력한 유대감을 표했다. 『르몽드』 사장 장-마리 콜롱바니는 "인류의 역사에서 가장 비극적인 이 순간에 미국이라는 나라와 그 국민들과 마음속으로부터 굳게 맺어져 있다고 어떻게 느끼지 않을 수 있겠는가"라고 했다.[6]

그러나 이 테러 사건을 언더도그마의 관점에서 본 이들도 있었다. 미국은 오버도그 중의 오버도그인 반면 테러리스트는 언더도그라는 이유로 말이다. 작가 겸 문화비평가 수전 손태그는 "화요일에 벌어진 학살의 가해자들에게 무슨 말이든 할 수 있지만 적어도 그들은 겁쟁이는 아니었다"고 했고, 콜로라도대학 교수 워드 처칠은 "이들에게 어떤 말이라도 할 수 있지만 9월 11일에 범행을 저지른 사람들은 목표를 달성하기 위해 기꺼이 목숨을 희생함으로써 자신의 신념에 따른 용기를 분명하게 보여줬다"고 했다. 정치비평가 빌 마허는 "3,200킬로미터 밖에서 크루즈 미사일을 발사한 우리가 겁쟁이였다. 그건 비겁한 행위다. 건물과 충돌하는 비행기에 탄 채 자신이 할 말을 하는 것은 비겁한 행위가 아니다"고 했고, CNN 설립자 테드 터너는 9·11 항공기 납치범들이 "적어도 용감했다고 생각한다"고 했다.[7]

거의 3,000명의 사람이 억울한 죽임을 당한 상황에서 테러리스트들의 '용감'이나 '비겁'을 거론하면서 따지는 게 무슨 의미와 가치가 있다는 걸까? 속으로 혼자만 생각해도 좋을 일을 꼭 그렇게까지 공개적으로 발설을 했어야만 했을까? 언더도그마에 중독된 탓은 아니었는지 모르겠다.

'샤덴프로이데'는 인간의 보편적 특성인가?

언더도그에 대한 애정은 오버도그에 대한 증오나 혐오의 형태로도 나타나기 마련이다. 프렐은 "인간의 보편적 특성이 있다면 그것은 성공한 사람(오버도그)에 대한 악의와 그를 정상의 자리에서 끌어내리려는 열망이다"며 다음과 같이 말한다.

"독일어로 샤덴프로이데Schadenfreude는 '남의 불행에서 얻는 행복'을 뜻하고 글뤼크슈메르츠Glückschmerz는 '타인의 행복에서 얻는 불행'을 의미한다. 일본어로 다닌노 후코와 미쓰노아지는 '타인의 불행은 꿀맛'이란 의미다. 영국 영어, 중국어, 스웨덴어, 아랍어, 체코어, 핀란드어, 히브리어에도 비슷한 의미가 담긴 표현이 있다."[8]

『위클리스탠더드』(2005년 10월 17일)는 "모든 타블로이드판 신문은 국가적인 샤덴프로이데라는 명목 아래 널리 유통되고 있는데, 기사의 절반은 '유명인이 나락으로 떨어지는 과정'으로 채워져 있다"고 했는데, 샤덴프로이데를 피하려면 어떻게 해야 할까? 자신이 명실상부한 오버도

그 중의 오버도그일지라도 악착같이 언더도그 행세를 해야 한다. 프렐은 다음과 같이 말한다.

"크고 강력한 힘을 지닌 유명인들과 이들의 매니저들(영리한 매니저들)은 언더도그마주의자의 비난을 피하려고 유명 인사의 겸손함과 자선활동을 드러내는 이야기를 만들고 퍼뜨리는 데 공을 들인다. '미국에서 가장 힘 있는 여성'은 오프라 윈프리는 이 방면에 도가 터서 자신의 대중적 페르소나 중심에 언더도그에 대한 친근감과 옹호를 접목시키는 능력을 가지고 있다."[9]

미국이라는 나라의 탄생 배경이 그렇듯이, 미국인들은 언더도그를 사랑한다.[10] 프렐은 "오늘날의 문화에서 '악당'은 부자와 권력자다. 언론에서부터 영화 그리고 백악관까지 언더도그마주의자들은 성공, 돈, 권력과 이 모든 것을 성취하거나 가진 사람들은 악당이고, 부도덕하며, 비난의 대상이라는 메시지를 매일같이 주입한다"며 다음과 같이 말한다.

"기업의 최고경영자가 신문, 영화, 책, TV 등에서 가증스럽고, 혐오스러우며, 사원들을 착취할 뿐 아니라 차갑고 자질이 부족하며 비열하거나 사악하게 묘사되지 않은 경우를 본 적이 있는가?……특히 영화 〈네트워크〉에 나오는 최고경영자 아서 젠슨은 이렇게 말했다. '미국은 존재하지 않는다. 민주주의도 없다. 단지 IBM, ITT, AT&T, 듀폰, 다우, 유니언 카바이드, 엑손만 있을 뿐이다. 오늘날 현실에서 이런 회사가 국가다.'"[11]

미국 시러큐스대학의 대중텔레비전연구소장 로버트 톰슨은 "주위에 유일하게 남은 악당은 테러리스트와 최고경영자인데 사람들은 최고경영자보다 테러리스트에게 더 호의적일 것이다"고 했다.[12] 그래서 미국인들이 9·11 테러리스트들의 용기에 대해 말한 걸까?

이준석이 장애인 시위에 제기한 '언더도그마'

프렐의 보수적인 이념 지향성이 드러나는 게 다소 불편하긴 하지만, 언더도그마는 그럴 수도 있겠다는 선에서 일부 사람들의 공감을 얻었을지도 모르겠다. 그런데 이 개넘이 2022년 3월 전국장애인차별철폐연대의 출근 시간대 '지하철 시위'로 인해 뜨거운 논란의 한복판에 소환되었다. 서울지하철을 운영하는 서울교통공사는 "장애인 단체의 시위는 약자는 무조건 선하고 강자는 무조건 악하다는 '언더도그마'가 지배 논리로 자리 잡은 이슈"라고 했다.[13]

이 시위에 비판적 목소리를 내온 국민의힘 대표 이준석은 3월 26일 자신의 주장이 장애인 혐오라는 일각의 비판과 관련해 "소수자 정치의 가장 큰 위험성은 성역을 만들고 그에 대한 단 하나의 이의도 제기하지 못하게 틀어막는다는 것에 있다"라며, "이준석을 여성 혐오자로 몰아도 정확히 여성 혐오를 무엇을 했는지 말하지 못하고, 장애인 혐오로 몰아도 무슨 장애인 혐오를 했는지 설명 못하는 일이 반복된다"고 말했다.

이준석은 "왜냐하면 지금까지 수많은 모순이 제기되었을 때 언더도그마(약자는 선하고 강자는 악하다고 생각하는 현상) 담론으로 묻어버리는 것이 가장 편하다는 것을 학습했기 때문"이라며, "치열하게 내용을 놓고 토론하기보다는 프레임 전쟁을 벌인다. 그 안에서 정작 소수자 정치의 문제는 해결되지 않고 해당 성역의 PC Political Correctness (정치적 올바름) 강도만 높아지고 많은 사람들은 담론을 건드리기를 싫어하게 되고 주제 자체가 갈라파고스화되어버리는 방식으로 끝난다"고 말했다.

이어 "그런데 정작 아무리 소수자, 약자 프레임을 시속해도 이미 여성이 절대 약자라거나 장애인이 절대 선자라는 프레임은 작동하지 않는다. 9호선에서 폰으로 (중년 남성) 머리를 찍다가 구속된 여성은 여성이라서 약자도, 강자도 아니다. 그냥 이상한 사람인 거고, 장애인 시위에서 임종 지키러 간다는 시민에게 버스 타고 가라는 분은 장애인이라서 선자도 악자도 아니다. 그냥 이상한 분인 것"이라며, "결국 정의당이나 민주당이 아무리 여성주의를 외쳐도 광역 단체장 상당수와 당대표까지 성비위로 물러나는 것이 우연은 아니다"고 말했다.[14]

이와 같은 이준석의 일련의 주장에 대해선 진보 진영의 집중 폭격이 이루어졌다는 건 이미 우리가 잘 알고 있는 바와 같다. 나는 그의 주장에 대체적으로 동의하지 않았지만, 한 가지 안타깝게 생각한 게 있었다. 그건 바로 '언더도그마'라는 꽤 쓸모 있는 개념을 부적절한 상황에 동원함으로써 '보수' 심지어는 '극우'의 개념으로 몰아가게끔 하는 빌미를 제공했다는 점이었다.

나는 보수 쪽에서 나온 개념은 보수적인 것이고, 진보 쪽에서 나온 개념은 진보적인 것이라는 식의 출처 중심주의적 평가에 반대한다. '언더도그마'는 자신의 약자 위치를 무슨 완장이나 되는 것처럼 오·남용하거나, 약자가 아님에도 약자인 척 '약자 코스프레'를 하는 사람들의 성찰을 요구하는 데에 유용한 진보적 개념이 될 수도 있다고 보기 때문이다.

특히 진보에 역행해온 문재인 정권의 지난 5년은 언더도그마 역기능 사례의 보고寶庫라고 해도 과언이 아니다. 그 좋은 비판 대상을 놔두고 한국이 그간 '장애인의 천국'이기라도 했다는 듯 장애인들의 시위 방식을 비판하는 데에 언더도그마를 동원한 건 개탄을 금치 못할 일이었다. 우리 모두 언더도그마는 지나친 것은 미치지 못한 것과 같다는 과유불급過猶不及의 원리를 경고해주는 가치가 있다는 점에 주목하면 좋겠다.

'약자 코스프레'와 '피포위 의식'

그런 점에서 권력자의 '약자 코스프레'는 PC 개념 자체를 위태롭게 만들 수 있는 PC의 오·남용이라는 걸 분명히 해둘 필요가 있겠다. PC라는 게 약자를 배려하자는 것인데, 약자도 아닌 사람이나 집단이 약자인 척하면서 책임을 회피하려고 들면, 이런 관행의 누적적 영향이나 분위기는 PC에도 타격을 줄 수 있지 않겠느냐는 것이다.

'약자 코스프레'는 문재인 정권만 했던 게 아니다. 어느 나라에서건 언더도그마에 친화적인 진보 정권이 즐겨 쓰는 수법이다. 미국에서 오바마 행정부 시절 백악관의 한 용법을 보기로 하자. 2009년 11월 한 백악관 고위 인사가 CNN에 출연해 "정부는 아주 분명하게 밝혔습니다. 권력에 대해 진실을 말하겠다는 것입니다"라고 말하자, 진행자인 존 스튜어트는 이렇게 외쳤다. "권력에 대한 진실이라고? 당신은 지금 백악관에 있습니다! 당신이 권력이에요!"[15]

어디서 많이 본 그림 같다는 생각이 들지 않는가? 문재인 정권 인사들이 질리도록 많이 써먹은 '약자 코스프

레'이자 '유체이탈 화법'이 아닌가? 이 수법을 대중운동의
차원으로 승격시킨 사람도 있었으니, 그는 바로 문재인 정
권 옹호에 자신의 열정과 생업마저 걸었던 유시민이다.

2017년 5월 5일 유시민은 한겨레TV '김어준의 파
파이스'에 출연해 "지식인이거나 언론인이면 권력과 거리
를 둬야 하고 권력에 비판적이어야 하는 건 옳다고 생각한
다"며, "그러나 대통령만 바뀌는 거지 대통령보다 더 오래
살아남고 바꿀 수 없는, 더 막강한 힘을 행사하는 기득권
권력이 사방에 포진해 또 괴롭힐 기기 때문에 내가 정의당
평당원이지만 범진보 정부에 대해 어용 지식인이 되려 한
다"고 말했다.[16]

유시민의 이 발언은 5월 9일 치러진 대선에서 민주
당 후보 문재인이 19대 대통령에 당선됨으로써 문재인 지
지자들에게 하나의 절대적 좌표가 되었다. 유시민의 영향
력에 힘입어 기존의 어용 지식인들은 당당한 자세로 그 일
을 할 수 있게 되었고, 그 밖의 수많은 지식인이 노골적인
어용의 길로 뛰어들었다. '어용 시민'도 급증해 명실상부
한 '팬덤 정치'가 전개되었다.

"대통령보다 더 막강한 힘을 행사하는 기득권 권력이 사방에 포진"했다는 유시민의 주장은 문재인 정권의 '피포위 의식siege mentality'을 강화시켰다. 전투 중 적들에게 포위된 병사들의 실제 경험에서 유래된 이 개념은 자신들이 끊임없이 공격받고, 억압당하고 있으며, 고립되어 있다고 믿는 정신 상태를 말한다.[17] 이런 의식이 가장 강한 나라가 이스라엘이다. 이스라엘은 늘 적들에 의해 둘러싸여 있다고 두려워하는 데에서 오는 '피포위 의식'을 갖고 있으며, 이는 필요 이상으로 호전적 자세를 취하는 것으로 나타난다.[18]

권력 재생산을 위한 '피해자 서사'

2020년 8월 22일 영국의 대표 시사주간지 『이코노미스트』가 문재인 정권의 내로남불 행태를 비판하면서 '피포위 의식'이란 말을 써서 화제가 되었다. 이 주간지는 "정부 안에 있는 좌파들은 약자라는 자신들의 자아상을 버리지 않았다"며, "특정 언론들을 (상대편) 정당의 무기로 여

기면서 그들로부터 비판이 나오면 '피포위 의식'을 가진다"고 했다.[19]

　아닌 게 아니라 문재인 정권 열성 지지자들의 댓글을 보면 이들의 '피포위 의식'이 매우 강하다는 걸 쉽게 알 수 있다. 그걸 갖도록 교육하는 데에 앞장선 이들이 유시민 외에도 많았다. 예컨대, 민주당 의원 정청래는 "우리는 그저 청와대 권력을 잡았을 뿐이다. 수많은 적폐와 싸우기 위해서는 노무현 때와 같은 오류를 범해선 안 된다"고 주장했다. 이는 문재인 지지자들이 신봉하는 모범답안으로 널리 유통되었다.

　그런데 그렇게 말한 정청래는 정말 그 말을 믿은 걸까? 손희정은 "스스로 피해자 서사를 쓰고 비주류로 머무르려는 것이 반복되는 것은, 그것이 '한국 진보'의 권력 재생산 메커니즘이기 때문이다"고 말한다.[20] 옳은 말씀이다. 혹 좋아하는 유명 맛집이 있다면 그 주인에게 물어보라. 내가 아는 어느 주인은 건물을 몇 채 샀다는 소문이 파다한데도 돈 이야기만 나오면 많이 번 게 없다고 앓는 소리를 한다. 어쩔 땐 귀엽다는 생각마저 들 정도로 펄펄 뛴다. 한마디로 말해서, 돈을 더 많이 벌어야겠다는 이야기다.

맛집 주인이야 그렇게 말하는 건 애교로 봐줄 수 있지만, 정권 권력을 가진 사람들이 "우리에겐 청와대뿐이다"고 말하는 건 어이가 없는 일이었다. 장관들을 들러리나 꼭두각시로 만들 정도로 행정부의 모든 권력을 틀어쥔 청와대를 두고서 그런 말을 해도 되는 것이었나? 문재인 정권은 '피포위 의식'을 갖고 있긴 했지만 순도가 높은 건 아니었다. 그런 의식이 있는 건 분명했지만, 그걸 정략적 목적으로 활용할 정도로 영악했다는 이야기다.

'약자 코스프레'의 탐욕인가?

2018년 전당대회 때 민주당 대표였던 이해찬은 '20년 집권론'을 내놓은데 이어 '50년 집권론'을 주장하더니, 2019년 2월엔 '100년 집권론'까지 내놓았다. 실소失笑를 자아내게 했지만, 왜 그래야 한다는 건지 이해찬이 2020년 9월 『시사IN』 인터뷰에서 밝힌 이유나 들어보자. 그는 "우리 역사의 지형을 보면 정조 대왕이 1800년에 돌아가십니다. 그 이후로 220년 동안 개혁 세력이 집권한 적이 없어요"라면서 다음과 같이 말했다.

"조선 말기는 수구 쇄국 세력이 집권했고, 일제강점기 거쳤지, 분단됐지, 4·19는 바로 뒤집어졌지, 군사독재했지, 김대중 노무현 10년 빼면 210년을 전부 수구보수 세력이 집권한 역사입니다. 그 결과로 우리 경제나 사회가 굉장히 불균형 성장을 해요. 우리 사회를 크게 규정하는 몇 가지 영역들이 있습니다. 분단 구조, 계층 간·지역 간 균형 발전 문제, 부동산 문제, 또 요즘 이슈인 검찰 개혁 문제 등이 그렇죠. 이런 영역들이 다 규모는 커졌는데 구조는 굉장히 편향된 사회로 흘러온 겁니다."

"보수가 너무 약해 보여서 승리를 과신하는 건 아닌가요?"라는 기자의 질문에 이해찬은 이렇게 답했다.

"보수가 너무 세기 때문에 20년 집권이 필요합니다. 제도 정치권 딱 한 군데만 보수가 약해요. 220년 중에 210년을 집권한 세력이 보수입니다. 경제, 금융, 언론, 이데올로기, 검찰…… 사회 거의 모든 영역을 보수가 쥐고 있는 나라가 한국입니다. 이렇게 균형이 무너진 나라가 없어요."

이해찬은 "민주당이 이제는 집권 세력인데도 아직 민주화 투쟁 중이라고 착각한다는 냉소도 있습니다"라는 기자의 질문엔 이런 답을 내놓았다.

"그렇지가 않아요. 경제, 사법, 언론 이런 곳이 민주화가 안 돼 있잖아요. 사회 제반 영역이 다 민주화되어야 합니다. 그래서 노동조합이 강하고, 시민사회가 강하고, 언론이 강해져야 해요. 사회의 나머지 영역이 민주화되어 있으면 우리가 선거 한두 번 국민 선택을 못 받아도 사회는 회복이 가능해요. 지금은 제도정치 한 곳에서 정당만 섬처럼 있으니까, 노조·시민사회·언론이 다 취약하니까, 정당이 밀려나면 다 밀려나는 겁니다."[21]

이해찬의 주장을 듣다 보면 슬그머니 웃음이 나온다. '약자 코스프레'의 탐욕 같다는 생각이 들어서 말이다. 무슨 욕심이 그리도 많은지 어이가 없다. 김대중 정권, 노무현 정권에 이어 세 번째 진보 정권을 만들어준 유권자들에게 그게 감히 할 말인가? 세 정권 모두 보수가 너무 센데다 방해를 해서 실패했거나 소기의 성과를 거두지 못했단 말인가? 그리고, 민주당은 민주화가 되었는지 묻고 싶다.

"모두가 누군가에게는 언더도그다"

100년 집권을 하려면 일을 잘해서 국민의 점수를 많이 땄어야 했다. 그러나 서울 부동산 가격 폭등이 잘 말해주듯이, 민주당의 안중엔 '민생'이 없거나 '민생'에 대해 무능했다. 진중권처럼 민주당의 핵심 세력인 586세대가 기득권이 되어 부패했다고 보는 시각도 있었다. 그는 "그들은 바꿀 것보다 지킬 것이 더 많은 보수층이 되었다"며 다음과 같이 말했다.

"그리고 그들이 살해한 나쁜 아버지보다 더 나쁜 아버지가 되었다. 산업화 세대는 적어도 그들에게 일자리도 얻어주고 아파트도 한 채 갖게 해줬다. 하지만 586세대는 지금의 젊은 세대에게 일자리도 아파트도 주지 않는다. 그저 자기 자식들에게 재산과 학벌을 물려주느라 그 검은 커넥션을 활용해 다른 젊은이들에게서 '공정'하게 경쟁할 기회마저 빼앗아버린다."[22]

　게다가 민주당은 모든 게 내로남불이었다. 진보와 보수의 전쟁? 진보의 장기 집권론은 그 이분법적 정치 구도에 인생의 부귀영화富貴榮華를 건 그들만의 사정일 뿐이었다. 미국『뉴욕타임스』칼럼니스트 데이비드 브룩스는 '피포위 의식'을 가진 집단의 말로末路에 대해 "자신들에게 거슬리는 팩트는 걸러버리고 점점 극단으로 치닫다가 자기 파괴적인 결말을 맞이한다"고 했다는데,[23] '자기 파괴적인 결말'은 아니었을지 몰라도 민주당은 결국 정권 재창출에 실패하고 말았다.

　그 누구건 '피포위 의식'은 갖지 않는 게 좋고, 갖더라도 적당히 갖는 게 좋다. 피포위 의식은 비장한 결의를 다지면서 내부 결속을 강화하는 데엔 큰 도움이 되기 때문에 알게 모르게 부풀려지는 경향이 있다. 영국 경제학자 존 메이너드 케인스가 잘 지적했듯이, 기득권 또는 반대편의 저항이라는 것은 아이디어의 점진적인 침투에 비하면 과장된 것이다. 더 좋은 아이디어를 제시하기 위한 경쟁을 하는 게 국리민복國利民福에 도움이 된다.

'언더도그마'와 '약자 코스프레'는 서로를 강화시키는 악순환 관계를 형성하기 십상이며, 그 과정에서 실종되는 건 '책임'이요 느는 건 '잔꾀'일 뿐이다. 문재인 정권이 실패한 주요 이유 중의 하나도 바로 여기에 있다. 각자 양상은 다를망정 '피포위 의식'을 경계해야 한다는 점에선 윤석열과 이재명도 마찬가지다. 브랜드 전략가 박재항은 "모두가 누군가에게는 언더도그다Everybody's an underdog to somebody"고 했다.[24] 자기 객관화와 겸손의 미덕을 강조한 이 슬로건이 시사하듯이, 우리의 적은 늘 독선과 오만이다.

주

머리말 왜 자기과시를 위한 도덕은 위험한가?

1   저스틴 토시(Justin Tosi)·브랜던 웜키(Brandon Warmke), 김미덕 옮김, 『그랜드스탠딩: 도덕적 허세는 어떻게 올바름을 오용하는가』(오월의봄, 2020/2022), 244쪽.

2   저스틴 토시(Justin Tosi)·브랜던 웜키(Brandon Warmke), 김미덕 옮김, 『그랜드스탠딩: 도덕적 허세는 어떻게 올바름을 오용하는가』(오월의봄, 2020/2022), 118~119쪽.

3   저스틴 토시(Justin Tosi)·브랜던 웜키(Brandon Warmke), 김미덕 옮김, 『그랜드스탠딩: 도덕적 허세는 어떻게 올바름을 오용하는가』(오월의봄, 2020/2022), 217~218쪽.

4   저스틴 토시(Justin Tosi)·브랜던 웜키(Brandon Warmke), 김미덕 옮김, 『그랜드스탠딩: 도덕적 허세는 어떻게 올바름을 오용하는가』(오월의봄, 2020/2022), 115~116쪽.

5   오구라 기조, 조성환 옮김, 『한국은 하나의 철학이다: 리(理)와 기(氣)로 해석한 한국 사회』(모시는사람들, 1998/2017), 13, 15, 22쪽.

6   그간 PC는 다문화주의와는 분리될 수 없는 '같은 편'으로 여겨지기도 했지만, 다문화주의의 여러 종류 중엔 PC에 반대하는 다문화주

의도 있다. 이종일은 '보수적 다문화주의'와 '자유주의적 다문화주의'를 지지하는 사람들은 대체로 PC 반대자들인데 반해, '좌파 자유주의적 다문화주의'와 '비판적 다문화주의'를 선호하는 사람들은 대체로 PC 지지자로 나타나고 있다고 말한다. 이종일, 『정치적 올바름 논쟁과 시민성』(교육과학사, 2019), 58쪽.

7   정진호, 「출생아 100명 중 6명 다문화, 어머니 출신은 베트남·중국 순」, 『중앙일보』, 2021년 11월 9일.

8   예전엔 국내 체류 외국인이 공장·농촌에서 일하는 외국인 근로자 중심이었는데 최근에는 창업이나 연구·개발을 위한 고급 인재가 늘고 있다. 「[사설] 질(質)도 높아진 국내 외국인 200만 명, 국가 미래 다룰 '이민청' 검토를」, 『조선일보』, 2022년 8월 4일.

9   프랜시스 후쿠야마(Francis Fukuyama), 이수경 옮김, 『존중받지 못하는 자들을 위한 정치학: 존엄에 대한 욕구와 분노의 정치에 대하여』(한국경제신문, 2018/2020), 195쪽.

10 강준만, 「왜 1퍼센트의 사람들이 전체 조직을 뒤흔들 수 있는가?: 1퍼센트 법칙」, 『독선 사회: 세상을 꿰뚫는 50가지 이론 4』(인물과사상사, 2015), 260~266쪽; 강준만, 「왜 '태극기 부대'는 민주주의의 공로자인가?: 1퍼센트 법칙」, 『습관의 문법: 세상을 꿰뚫는 이론 7』(인물과사상사, 2019), 155~160쪽 참고.

11 도종환 외, 『너에게 주고픈 아름다운 시』(북카라반, 2022), 50쪽.

제1장 '정치적 올바름'의 소통을 위하여

1   이 글은 다음 논문을 수정·보완한 것이다. 강준만, 「'정치적 올바름'의 소통을 위하여: '자유·위선·계급'의 3대 쟁점을 중심으로」, 『사회과학연구』(강원대 사회과학연구원), 57집 2호(2018년 12월), 227~257쪽.

2   임수연, 「'메갈리아, 워마드' 낙인 댓글, 명백한 명예훼손」, 『미디어오늘』, 2018년 7월 28일.

3   신지민·선담은, 「"당신 동생은 도련'님'인데 내 동생은 왜 그냥 '처
     남'이야?"」, 『한겨레』, 2017년 9월 30일.

4   Stephanie Suhr & Sally Johnson, 「Re-visiting 'PC':
     Introduction to Special Issue on 'Political Correctness'」,
     『Discourse & Society』, 14:1(Jan 2003), pp.5~16; Moira
     Weigel, 「Political correctness: how the right invented a
     phantom enemy」, 『The Guardian』, November 30, 2016.

5   영국의 대표적인 보수 지식인 로저 스크러튼은 "다문화주의는 모든
     이주자들이 새로운 환경에 적응하려는 노력 여부와 상관없이, 편안
     하게 느끼는 포용 사회가 되기 위해 우리가 물려받은 관습과 신념
     을 방치, 심지어 버려야 한다고 주장하는 데 이용됐다"며 다음과 같
     이 말한다. "정치적 올바름은 우리에게 되도록 포용적 태도를 보이
     라고 한다. 생각이나 말과 행동을 통해 민족적, 성적, 종교적, 행위
     적 소수자들을 차별하지 말라고 훈계한다. 그리고 포용적 태도를 보
     이기 위해 우리는 가장 우리의 것으로 느껴지는 요소를 모욕해야 한
     다. BBC 사장은 최근 자사의 조직과 프로그램이 불쾌할 정도로 백
     인 중산층의 분위기를 풍긴다고 질책했다." 로저 스크러튼(Roger
     Scruton), 박수철 옮김, 『합리적 보수를 찾습니다: 우리가 잃어버린
     보수의 가치』(더퀘스트, 2014/2016), 139~140쪽.

6   앨런 블룸(Allan Bloom), 이원희 옮김, 『미국 정신의 종말』(범양사
     출판부, 1987/1989).

7   논란이라고 하지만 전반적인 사회 분위기는 PC에 불리하게 돌아가
     고 있었다. 민주당 대통령인 빌 클린턴이 1993년 12월 14일 "이
     제 당신이 생각하는 게 정치적으로 올바른지를 두고 걱정하는 걸
     그만둘 때가 되었다"고 말할 정도였으니 말이다. John K. Wilson,
     『The Myth of Political Correctness: The Conservative Attack
     on Higher Education』(Durham: Duke University Press, 1995),
     pp.7~9; Barry Glassner, 『The Culture of Fear』(New York:
     Basic Books, 1999), p.15.

8   Dinesh D'Souza, 『Illiberal Education: The Politics of Race and

Sex on Campus』(New York: The Free Press, 1991); Tammy Bruce, 『The New Thought Police: Inside the Left's Assault on Free Speech and Free Minds』(New York: Forum, 2001); Diane Ravitch, 『The Language Police: How Pressure Groups Restrict What Students Learn』(New York: Alfred A. Knopf, 2003).

9   움베르토 에코(Umberto Eco), 김운찬 옮김, 『민주주의가 어떻게 민주주의를 해치는가』(2000/2004), 179~182쪽.

10 Tammy Bruce, 『The New Thought Police: Inside the Left's Assault on Free Speech and Free Minds』(New York: Forum, 2001); Diane Ravitch, 『The Language Police: How Pressure Groups Restrict What Students Learn』(New York: Alfred A. Knopf, 2003); Paul Hollander, 「Peer Review, Political Correctness, and Human Nature」, 『Academic Questions』, 26:2(June 2013), pp.148~156; Matthew Lesh, 「TPIGGEPING CENSORSHIP: Political correctness runs rampant on campus as research shows that free speech is now under attack at Australian universities」, 『Institute of Public Affairs Review』, 68:2(August 2016), pp.16~19; Lianne Ianne Barnard, 「IS PHILIP ROTH AGAINST 'POLITICAL CORRECTNESS'? 'WHITENESS' AS DESIRED NORM AND INVISIBLE TERROR IN THE HUMAN STAIN」, 『Brno Studies in English』, 43:1(2017), pp.107~125; Gabriel Brahm, 「Killing the Messenger: Mark Lilla's 'End of Identity Liberalism' and its Critics」, 『Society』, 54:4(August 2017), pp.326~330.

11 Sally Johnson & Stephanie Suhr 「From 'Political Correctness' to 'Politische Korrektheit': Discourses of 'PC' in the German Newspaper, Die Welt」, 『Discourse & Society』, 14:1(January 2003), pp.49~68; Heidi Herzogenrath-Amelung, 「The new instantaneity: how social media are helping us privilege the

(politically) correct over the true」, 『Media, Culture & Society』, 38:7(August 2016), pp.1080~1089; Jessica Gantt Shafer, 「Donald Trump's "Political Incorrectness": Neoliberalism as Frontstage Racism on Social Media」, 『Social Media + Society』, 3:3(September 28, 2017), pp.1~10; Robert J Topinka, 「Politically incorrect participatory media: Racist nationalism on r/ImGoingToHellForThis」, 『New Media & Society』, 20:5(June 2017), pp.2050~2069.

12 Richard N. Lalonde, Lara Doan, Lorraine A. Patterson, 「Political Correctness Beliefs, Threatened Identities, and Social Attitudes」, 『Group Processes & Intergroup Relations』, 3:3(July 2000), pp.317~336; Howard S. Schwartz, 「Political Correctness and Organizational Nihilism」, 『Human Relations』, 55:11(November 1, 2002), pp.1275~1294; Jack A. Goncalo, Jennifer A. Chatman, Michelle M. Duguid, Jessica A. Kennedy, 「Creativity from Constraint? How the Political Correctness Norm Influences Creativity in Mixed-sex Work Groups」, 『Administrative Science Quarterly』, 60:1(Dec 2014), pp.1~30.

13 Heinz-Joachim Klatt, Clive Seligman, Candace de Russy, 「Political Correctness as an Academic Discipline」, 『Academic Questions』, 16:2(Spring 2003), pp.36~45; Derek R. Avery & David S. Steingard, 「Achieving Political Trans-Correctness: Integrating Sensitivity and Authenticity in Diversity Management Education」, 『Journal of Management Education』, 32:3(January 2008), pp.269~293; Aya Matsuda, 「Is Teaching English as an International Language All about Being Politically Correct?」, 『RELC Journal』, 49:1(April 2018), pp.24~35.

14 Sara Mills, 「Caught Between Sexism, Anti-sexism and

'Political Correctness': Feminist Women's Negotiations with Naming Practices」, 『Discourse & Society』, 14:1(Jan 2003), pp.87~110; Chris Brickell, 「Traveling Orthodoxies? Sexuality and Political Correctness in New Zealand」, 『Journal of Communication Inquiry』, 28:2(April 1, 2004), pp.104~121; Manuela Barreto & Naomi Ellemers, 「The Perils of Political Correctness: Men's and Women's Responses to Old-Fashioned and Modern Sexist Views」, 『Social Psychology Quarterly』, 68:1(March 2005), pp.75~88.

15   Norman Fairclough, 「'Political Correctness': the Politics of Culture and Language」, 『Discourse & Society』, 14:1(January 1, 2003), pp.17~28; Stephanie Suhr & Sally Johnson, 「Re-visiting 'PC': Introduction to Special Issue on 'Political Correctness'」, 『Discourse & Society』, 14:1(January 2003), pp.5~16; Joan F. Marques, 「How Politically Correct Is Political Correctness?: A SWOT Analysis of This Phenomenon」, 『Business & Society』, 48:2(May 2009), pp.257~266.

16   Bruce Davidson, 「Political Correctness in the Land of Conformity」, 『Academic Questions』, 26:2(June 2013), pp.182~191; Isaac Stone Fish & Cole Kitchen, 「THE OTHER POLITICAL CORRECTNESS」, 『New Republic』, 249:9 (September 2018), pp.34~43.

17   Brian Doherty, 「Don't Blame Karl Marx for 'Cultural Marxism'」, 『Reason』, 50:6(November 2018), pp.58~63.

18   Scott Barry Kaufman, 「The Personality of Political Correctness: The idea of political correctness is central to the culture wars of American politics」, blogs.scientificamerican.com; 『Scientific American』, November 20, 2016.

19   George Dent, 「A Strategy to Remedy Political Correctness」, 『Academic Questions』, 30:3(September 2017), pp.272~280.

20   김성곤,「'도의적 공정성(Politcal Correctness)'과 문화 연구(Cultural Studies)」,『외국문학』, 43호(1995년 여름), 61~78쪽.

21   조은영,「『올리아나』: 정치적 올바름의 이면에 관한 고찰」,『영어영문학연구』, 33권 3호(2007년 8월), 129~149쪽; 하상복,「미국 다인종 문학의 정전화 과정과 비판적 다문화주의」,『영미어문학』, 91권(2009년), 161~188쪽; 노종진,「필립 로스의 『인간의 오전』에 나타난 패싱과 도의적 정당성」,『새한영어영문학』, 52권 2호(2010년 5월), 75~95쪽; 이종일,「정전 논쟁의 사회사적 고찰」,『사회과교육』, 55권 4호(2016년 12월), 63~83쪽; 임경규,「정치적 올바름 vs. 예술의 자율성–다문화시대 문학의 운명: 다시, 예술의 자율성에 대하여」,『문학동네』, 24권 4호(2017년 12월), 1~23쪽; 조강석,「메시지의 전경화와 소설의 '실효성': 정치적·윤리적 올바름과 문학의 관계에 대한 단상」,『문장웹진』, 2017년 4월 1일. https://webzine.munjang.or.kr/archives/139778; 선우은실,「'문학성'과 문학 비평: 조연정 『문장웹진』, 2017년 8월 10일_문학의 미래보다 현실의 우리를–문학의 정치적 올바름에 대하여」,『문학과사회』, 31권 1호(2018년 2월), 84~86쪽; 홍진석,「'정치적 올바름'과 문학의 역할: 『현남 오빠에게』의 기획과 현상적 징후」,『인문과학연구』, 42호(2018년 8월), 143~158쪽; 백정국,「언어적 유토피아의 불편함: 정치적으로 올바른 고전 동화의 역설」,『아동청소년문학연구』, 29호(2021년 12월), 177~209쪽.

22   김귀순,「젠더 이데올로기와 언어 교정주의에 대한 고찰」,『언어과학』, 12권 3호(2005년 10월), 2~24쪽; 박동근,「법률 조문의 차별적 언어 표현 연구」,『한말연구』, 34권(2014년), 73~103쪽; 임성우,「시민 참여적 언어 비평 활동과 사례 분석」,『서강인문논총』, 41권(2014년 12월), 267~292쪽; 이종일,「혐오 스피치의 자유와 스피치 코드 논쟁」,『사회과교육연구』, 22권 4호(2015년 11월), 1~18쪽; 최유숙,「신문 기사에 나타난 북한 이탈 주민 지칭어 분석: 지칭어와 관련어의 공기어를 중심으로」,『어문론집』, 67권(2016년 9월), 33~66쪽.

23 김애령, 「'알파걸' 시대의 공주 이야기, 〈겨울왕국〉」, 『여/성이론』, 30권(2014년 5월), 213~222쪽; 배상미, 「'혐오'를 딛고 '승리'로 나아가는 여성들」, 『여/성이론』, 35권(2016년 11월), 72~93쪽; 박가분, 『포비아 페미니즘』(인간사랑, 2017); 윤지영, 「페미니즘 지각변동: 페미니즘들의 대립각, 새로운 사유의 터」, 『한국여성철학회 학술대회 발표자료집』, 2018년 4월, 45~81쪽; 정은경, 「2010년대 여성 담론과 그 적들: '돌봄'의 횡단과 아줌마 페미니즘을 위하여」, 『대중서사연구』, 24권 2호(2018년 5월), 97~125쪽; 한송희, 「한국 문학장에서 '정치적 올바름'은 어떻게 상상되고 있는가?: 『82년생 김지영』 논쟁을 중심으로」, 『미디어, 젠더&문화』, 36권 2호(2021년 6월), 49~93쪽.

24 박금자, 『정의롭게 말하기: 폴리티컬 코렉트니스』(커뮤니케이션북스, 2012); 이종일, 「'정치적 올바름' 논쟁의 사회사적 고찰」, 『사회과교육연구』, 22권 2호(2015년 5월), 43~58쪽; 이종일, 「정치적 올바름의 개념과 논쟁 범위 고찰」, 『사회과교육연구』, 23권 2호(2016년 5월), 1~18쪽; 최유숙, 「PC의 종언을 말하는 시대의 PC 읽기: 박금자(2012), 『폴리티컬 코렉트니스: 정의롭게 말하기』, 커뮤니케이션북스」, 『교양학연구』, 4권(2016년 12월), 225~234쪽; 이종일, 『정치적 올바름 논쟁과 시민성』(교육과학사, 2019).

25 김선아, 「정치적 올바름 혹은 다큐멘터리 정신을 넘어서-〈행당동 사람들 1, 2〉와 한국 독립 다큐멘터리의 매너리즘」, 『독립영화』, 5권(2000년 9월), 16~25쪽; 이재진, 「가상공간에서의 혐오 언론의 문제: 미국의 경우를 중심으로」, 『사이버커뮤니케이션학보』, 6권(2000년 11월), 104~146쪽; 유제상, 「'정치적 올바름'의 문제를 통해 바라본 공공성」, 『공공정책』, 152권(2018년 6월), 86~90쪽; 한송희·이효민, 「영화와 '정치적 올바름'에 관한 논쟁: 〈캡틴 마블〉과 〈어벤져스: 엔드게임〉, 〈인어공주〉를 중심으로」, 『언론과사회』, 28권 2호(2020년 5월), 5~71쪽; 김기덕·정규철, 「미국 스탠드업 코미디에 등장하는 주요 소재와 시각 분석: 인종·성별·성 소수자 소재와 정치적 올바름을 중심으로」, 『통일인문학』, 84호(2020년 12월),

453~494쪽; 김성윤, 「게임과 정치적 올바름 문제: 〈더 라스트 오브 어스 파트 2〉 사례」, 『오늘의 문예비평』, 2021년 3월, 114~128쪽.

26 나인호, 「나치 기억을 둘러싼 언어의 정치, 개념의 투쟁」, 『역사와 문화』, 21호(2011년 3월), 149~176쪽; 강준만, 「'미디어 혁명' 이 파괴한 '위선의 제도화': 커뮤니케이션의 관점에서 본 '트럼프 현상'」, 『사회과학 담론과 정책』, 9권 2호(2016년 10월), 85~115쪽; 강준만, 「'이중구속' 커뮤니케이션의 질곡: 힐러리 클린턴의 정치적 역정을 중심으로」, 『미디어, 젠더&문화』, 31권 4호(2016년 12월), 5~48; 홍지수, 『트럼프를 당선시킨 PC의 정체』(북앤피플, 2017).

27 정경희, 「다문화주의 논쟁: 담론과 구도」, 『역사교육』, 110권(2009년 6월), 211~242쪽; 강진구, 「한국 사회의 반다문화 담론에 대한 비판적 고찰」, 『다문화콘텐츠연구』, 17권(2014년 10월), 7~37쪽.

28 문형준, 「정치적 올바름과 살균된 문화」, 『비교문학』, 73권(2017년 10월), 103~128쪽; 복도훈, 「신을 보는 자들은 늘 목마르다: 2017년의 한국 문학과 '정치적 올바름'에 대한 비판적인 단상들」, 『문장웹진』, 2017년 5월 8일; 복도훈, 「정치적 올바름입니까, 혐오입니까?-아뇨, 괜찮아요!: 슬라보예 지젝의 '정치적 올바름' 비판을 중심으로」, 『인문학연구』, 56권(2018년 8월), 41~75쪽.

29 Lianne Barnard, 「IS PHILIP ROTH AGAINST 'POLITICAL CORRECTNESS'? 'WHITENESS' AS DESIRED NORM AND INVISIBLE TERROR IN THE HUMAN STAIN」, 『Brno Studies in English』, 43:1(2017), p.109.

30 Elizabeth Bruenig, 「The left and the right cry out for civility, but maybe that's asking for too much」, 『Washington Post』, Oct 17, 2018; 이철민, 「일상 파고든 과도한 'PC 운동'…미국인들은 피곤하다」, 『조선일보』, 2018년 10월 17일.

31 강준만, 「'미디어혁명'이 파괴한 '위선의 제도화': 커뮤니케이션의 관점에서 본 '트럼프 현상'」, 『사회과학 담론과 정책』, 9권 2호(2016년 10월), 85~115쪽.

32 Barry Glassner, 『The Culture of Fear』(New York: Basic Books,

1999).

33 진태원, 「냉전의 시대, 다원적 가치 옹호한 자유주의」, 『한겨레』, 2014년 5월 19일.

34 이사야 벌린(Isaiah Berlin), 박동천 옮김, 『자유론』(아카넷, 1958/2006), 419쪽.

35 임정아, 「"불간섭으로서의 자유"와 "종속으로부터의 자유" 비교」, 『범한철학』, 64권(2012년), 111~137쪽; 조승래, 「공화주의 자유론에 대하여」, 『서양사학연구』, 15권(2006년), 119~144쪽.

36 임정아, 「"불간섭으로서의 자유"와 "종속으로부터의 자유" 비교」, 『범한철학』, 64권(2012년), 128쪽.

37 C. J. Sykes, 『A Nation of Victims: The Decay of the American Character』(New York: St. Martin's Press, 1992), pp.163~174; 김성곤, 「'나는 옳고 너는 틀렸다'…왜곡된 정의감의 폭력과 횡포 비판」, 『경향신문』, 2017년 2월 8일.

38 '집단 극화'는 집단 토의에서 비슷한 생각을 가진 사람들의 의견에 자극받아 토의 전보다 더 극단적이거나 모험적인 의사 결정을 지지하는 경향, '정보의 폭포 현상'은 정보가 폭포처럼 쏟아져 나오면서 원하는 정보를 찾기가 점점 어려워짐에 따라 개인이 다른 사람들의 결정을 참고해 자신의 의사를 결정하는 것을 말한다. 강준만, 「왜 개인보다 집단이 더 과격한 결정을 내리는가?: 집단 극화 이론」, 『감정 독재: 세상을 꿰뚫는 50가지 이론』(인물과사상사, 2013), 279~283쪽; 강준만, 「왜 선거일 6일 전부터 여론조사 공표와 인용 보도를 금지하나?: 정보의 폭포 현상」, 『감정 동물: 세상을 꿰뚫는 이론 6』(인물과사상사, 2017), 273~281쪽 참고.

39 카스 R. 선스타인(Cass R. Sunstein), 박지우·송호창 옮김, 『왜 사회에는 이견이 필요한가』(후마니타스, 2003/2009), 226쪽.

40 곽민해, 「인터뷰 ; 문강형준 문화평론가」, 『북저널리즘』, 2018년 7월 7일.

41 진태원, 「냉전의 시대, 다원적 가치 옹호한 자유주의」, 『한겨레』, 2014년 5월 19일.

42 애덤 스위프트(Adam Swift), 김비환 옮김, 『정치의 생각: 정의에서 민주주의까지』(개마고원, 2006/2011), 5~6쪽.

43 에즈라 클라인(Ezra Klein), 황성연 옮김, 『우리는 왜 서로를 미워하는가』(월북, 2020/2022), 169쪽.

44 에즈라 클라인(Ezra Klein), 황성연 옮김, 『우리는 왜 서로를 미워하는가』(월북, 2020/2022), 170쪽.

45 다니엘 린데만(Daniel Lindemann), 「충격 안겨준 독일 극우 정당의 약진」, 『중잉일보』, 2017년 9월 28일.

46 페터 슬로터다이크(Peter Sloterdijk), 이진우·박미애 옮김, 『냉소적 이성 비판』(에코리브르, 1983/2005).

47 Donald J. Trump, 『My Fellow Americans: How to Make America Great Again(pamphlet)』(2016), p.35.

48 토마스 프랭크(Thomas Frank), 김병순 옮김, 『왜 가난한 사람들은 부자를 위해 투표하는가: 캔자스에서 도대체 무슨 일이 있었나』(갈라파고스, 2004/2012), 324쪽; Andrew Gelman et al., 『Red State, Blue State, Rich State, Poor State: Why Americans Vote the Way They Do』(Princeton, NJ: Princeton University Press, 2008), pp.145, 183.

49 강준만, 「왜 부모를 잘 둔 것도 능력이 되었나?: '능력주의 커뮤니케이션'의 심리적 기제」, 『사회과학연구』(강원대 사회과학연구원), 55권 2호(2016년 12월), 319~355쪽.

50 이들이 PC를 주장하면서 도덕적 우월감을 과시하고 나르시시즘에 빠지기도 한다는 비판이 끊이질 않는데, 이른바 '도덕적 면허 효과(moral licensing effect)'로 설명할 수 있는 이런 현상은 사회 전 분야에 걸쳐 일어나고 있는 것이다. '도덕적 면허 효과'는 도덕적으로 옳은 일을 한 사람이 긍정적 자기 이미지를 갖게 된 나머지 자기 정당화를 함으로써 일탈에 빠져드는 현상을 말한다. 강준만, 「왜 '도덕적 우월감'을 갖는 사람들이 부도덕해지기 쉬울까?: 도덕적 면허 효과」, 『감정 동물: 세상을 꿰뚫는 이론 6』(인물과사상사, 2017), 19~25쪽 참고.

강준만, 「왜 대중은 반지성주의에 매료되는가?: 설득 커뮤니케이션의 관점에서 본 반지성주의」, 『정치정보연구』, 22권 1호(2019년 2월), 27~62쪽 참고.

Stuart Hall, 「Some 'Politically Incorrect' Pathways Through PC」, S. Dunant, ed., 『The War of the Words: The Political Correctness Debate』(London: Virago, 1994), pp.164~184; 움베르토 에코(Umberto Eco), 김희정 옮김, 『가재걸음: 세계는 왜 뒷걸음질치는가』(열린책들, 2006/2012).

슬라보예 지젝(Slavoj Zizek), 이성민 옮김, 『부정적인 것과 함께 머물기: 칸트, 헤겔, 그리고 이데올로기 비판』(도서출판b, 1993/2007), 411쪽.

슬라보예 지젝(Slavoj Zizek), 이성민 옮김, 『까다로운 주체』(도서출판b, 1999/2005), 356~357쪽.

복도훈, 「정치적 올바름입니까, 혐오입니까?-아뇨, 괜찮아요!: 슬라보예 지젝의 '정치적 올바름' 비판을 중심으로」, 『인문학연구』, 56권(2018년 8월), 70쪽.

문형준, 「정치적 올바름과 살균된 문화」, 『비교문학』, 73권(2017년 10월), 125쪽.

Todd Gitlin, 『The Twilight of Common Dreams: Why America Is Wracked by Culture Wars』(New York: Metropolitan Books, 1995), pp.236~237.

이런 이분법적 문제 설정에 대해선 낸시 프레이저도 '잘못 설정된 대립'이라며 이의를 제기한 바 있다. 낸시 프레이저(Nancy Fraser) · 악셀 호네트(Axel Honneth), 김원식 · 문성훈 옮김, 『분배냐, 인정이냐?: 정치철학적 논쟁』(사월의책, 2003/2014), pp.36~37.

민주노총 김○○ 성폭력 사건 피해자 지지모임, 『하늘을 덮다: 민주노총 성폭력 사건의 진실-잊고 싶은, 그러나 잊혀지지 않는 1639일 생존과 지지의 기록』(메이데이, 2013); 엄혜진, 「운동사회 성폭력 의제화의 의의와 쟁점: '100인위' 운동의 수용과 현재적 착종」, 『페미니즘 연구』, 9권 1호(2009년), 31~78쪽; 전희경, 『오빠는 필요

없다: 진보의 가부장제에 도전한 여자들 이야기』(이매진, 2008);
정희진 편,『성폭력을 다시 쓴다: 객관성, 여성운동, 인권』(한울아카
데미, 2003).

60 서동진이 이른바 '갑질' 비판과 관련해 "계급투쟁보다는 정치적으로
올바르지 못한 부르주아 비판이 훨씬 매력적인 것처럼 보이고 또 자
본주의 비판의 윤리적 서사의 골격을 이루게 되었다는 점은 서글픈
일이다"고 개탄한 것에 대해서도 같은 질문을 던질 수 있겠다. PC에
근거한 '갑질' 비판이 '계급적 비평'의 동력을 앗아간다는 '제로섬게
임'의 사고방식보다는, '갑질' 비판을 계급적 비평이나 계급투쟁으로
유도할 수 있는 방안을 모색하는 게 계급투쟁 이론가들이 해야 할
일이 아닐까? 서동진,「을질하는 자들의 이데올로기적인 미망: 문화
비평의 윤리를 생각하며」,『말과활』, 9호(2015년 8~9월) 참고.

61 로버트 프랭크(Robert H. Frank), 이한 옮김,『사치 열병: 과잉 시
대의 돈과 행복』(미지북스, 1999/2011), 341쪽.

62 존 그레이는 지젝의 활약을 "자본주의 팽창 모델과 결합돼 있는 미
디어 산업과 유명인사 추종 문화의 산물"로 일축했고, 이세영은 지
젝의 한국 강연이 기업 협찬에 의해 이루어진 것 등을 들어 "'세계
에서 가장 위험한 철학자'라는 별칭을 가진 그가 실상은 반주변부
의 중소 자본 눈에도 그다지 위험스러워 보이지 않는, 정치적으로 무
해한 존재"가 아니냐는 의문을 제기했다. John Gray,「The Violent
Visions of Slavoj Žižek」,『The New York Review of Books』,
July 12, 2012; 이세영,「지제크 현상, 삐딱하게 보기」,『한겨레21』,
2012년 7월 6일.

63 슬라보예 지젝(Slavoj Zizek), 김성호 옮김,『처음에는 비극으로 다
음에는 희극으로: 세계 금융 위기와 자본주의』(창비, 2009/2010),
193쪽.

64 슬라보예 지젝(Slavoj Zizek)·블라디미르 일리치 레닌(Vladimir Ilich
Lenin), 정영목 옮김,『지젝이 만난 레닌』(교양인, 2002/2008),
266쪽.

65 이는 지젝이 "진심으로 빈민의 곤경을 동정하는 어떤 선한 신부를

동료 볼셰비키가 칭찬하는 것을 들었을 때의 레닌처럼 반응해야 한다"며 한 말이다. "레닌은 볼셰비키가 필요로 하는 것은 술에 취해 농민들에게서 부족한 자원의 마지막 한 조각마저도 강탈하고 그들의 아내들을 강간하는 신부들이라고 논파했다. 그들은 객관적으로 무엇인가에 대해 농민들로 하여금 자각하도록 한 반면, '선한' 신부들은 그들의 통찰을 어지럽혔다는 것이다." 슬라보예 지젝(Slavoj Zizek), 박대진·박제철·이성민 옮김, 『이라크』(도서출판b, 2004), 198쪽.

66   복도훈, 「정치적 올바름입니까, 혐오입니까?-아뇨, 괜찮아요!: 슬라보예 지젝의 '정치적 올바름' 비판을 중심으로」, 『인문학연구』, 56권 (2018년 8월), 45쪽.

67   니라 유발-데이비스(Nira Yuval-Davis), 박혜란 옮김, 『젠더와 민족: 정체성의 정치에서 횡단의 정치로』(그린비, 1997/2012).

68   벨 훅스(Bell Hooks), 이경아 옮김, 『모두를 위한 페미니즘』(문학동네, 2015/2017).

제2장 왜 싸이의 '흠뻑쇼' 논쟁이 뜨거웠는가?

1   원다라, 「'외눈박이' '절름발이'…법원 "장애인 혐오 표현 맞지만 법적 문제는 없어"」, 『한국일보』, 2022년 4월 15일.

2   김지환, 「"성적 수치심·성희롱은 성차별적 용어"…법무부 전문위 개선 권고」, 『조선일보』, 2022년 3월 24일.

3   서혜미, 「주린이·골린이·요린이…실력 없고 미숙하면 무조건 '~린이'?」, 『한겨레』, 2022년 5월 4일.

4   송옥진, 「우영우, 디즈니의 PC함이 반갑다」, 『한국일보』, 2022년 8월 16일.

5   김자아, 「"처음으로 우영우가 믿게 보였다"…암 환자 울린 대사 또 나왔다」, 『조선일보』, 2022년 8월 18일.

6   이가영, 「"우영우는 왜 눈치 없는 행동을 하나요?" 정신과 의사의 답

변은」, 『조선일보』, 2022년 8월 19일.

7   유경선·윤기은, 「'공생의 감각'으로 적은 '소양강 300t' 트윗, 왜
     SNS 전쟁 불렀나…'싸이 흠뻑쇼' 논쟁」, 『경향신문』, 2022년 6월
     17일.

8   정시내, 「이선옥 작가, 물 축제 비판 이엘 저격 "난 정의롭다 과시한
     것"」, 『중앙일보』, 2022년 6월 15일.

9   유경선·윤기은, 「'공생의 감각'으로 적은 '소양강 300t' 트윗, 왜
     SNS 전쟁 불렀나…'싸이 흠뻑쇼' 논쟁」, 『경향신문』, 2022년 6월
     17일.

10   박한슬, 「[박한슬이 고발한다] 가뭄에 웬 싸이 흠뻑쇼냐고? 목소리
     큰 소수가 만든 '억지 논란'」, 『중앙일보』, 2022년 6월 24일.

11   배준용, 「땅이 쩍쩍 갈라지는 가뭄에 물 폭탄 쇼? 싸이 흠뻑쇼 둘러
     싼 논란의 진실은…」, 『조선일보』, 2022년 6월 25일.

12   이명희, 「유난이라니, 지금 누군가는 울고 있다」, 『경향신문』, 2022년
     6월 30일.

13   이에 대해 정치평론가 이철희는 이렇게 말한다. "도덕적 우월의식은
     윤리적으로 볼 때 진보는 선(the good)이고, 보수는 악(the bad)이
     라는 생각이다. 이는 진영 논리, 이분법의 표현이자 무능의 발로다.
     무능한 사람일수록 편을 따지고, 실력이 없을수록 진영에 매달리기
     마련이다. 선한 편과 나쁜 편으로 나누어서 생각하면 선하다는 이
     유만으로도 얼마든지 버틸 수 있다. 굳이 실력을 키우려고 노력하지
     않아도 된다. 상대를 열심히 비판하고, 부정하면 그것으로 족하다."
     이철희, 『이철희의 정치썰전: 보수와 진보를 향한 촌철살인 돌직구』
     (인물과사상사, 2015), 261, 263쪽.

14   slacktivism은 1995년 드와이트 오자드(Dwight Ozard)와 프레드
     클락(Fred Clark)이 만든 말로, 처음엔 긍정적 의미로 사용되었다.
     이런 참여나 저항을 하는 사람들을 슬랙티비스트(slacktivist)라 한
     다. 에릭 슈미트(Eric Schmidt)·제러드 코언(Jared Cohen), 이진
     원 옮김, 『새로운 디지털 시대』(알키, 2013), 383쪽; 모이제스 나임
     (Moises Naim), 김병순 옮김, 『권력의 종말: 다른 세상의 시작』(책

읽는수요일, 2013/2015), 445쪽;「Slacktivism」,『Wikipedia』; 송경화·안수찬,「9시 뉴스가 보여주지 않는 세상에 접속하다」,『한겨레』, 2012년 1월 8일; 강준만,「왜 '도덕적 우월감'을 갖는 사람들이 부도덕해지기 쉬울까?: 도덕적 면허 효과」,『감정 동물: 세상을 꿰뚫는 이론 6』(인물과사상사, 2017), 19~25쪽 참고.

15   김진경,「물·식량 낭비 지적 '슬랙티비즘'은 사회 참여 첫걸음」,『중앙일보』, 2022년 7월 9일.

16   슬라보예 지젝(Slavoj Zizek), 이성민 옮김,『부정적인 것과 함께 머물기: 칸트, 헤겔, 그리고 이데올로기 비판』(도서출판b, 1993/2007), 411쪽.

17   로베르트 팔러(Robert Pfaller), 이은지 옮김,『성인언어: 정치적 올바름과 정체성 정치 비판』(도서출판b, 2018/2021), 45쪽.

18   로베르트 팔러(Robert Pfaller), 이은지 옮김,『성인언어: 정치적 올바름과 정체성 정치 비판』(도서출판b, 2018/2021), 62~63쪽.

19   로베르트 팔러(Robert Pfaller), 이은지 옮김,『성인언어: 정치적 올바름과 정체성 정치 비판』(도서출판b, 2018/2021), 63쪽.

20   로베르트 팔러(Robert Pfaller), 이은지 옮김,『성인언어: 정치적 올바름과 정체성 정치 비판』(도서출판b, 2018/2021), 125쪽.

21   로베르트 팔러(Robert Pfaller), 이은지 옮김,『성인언어: 정치적 올바름과 정체성 정치 비판』(도서출판b, 2018/2021), 125~126쪽.

22   슬라보예 지젝(Slavoj Zizek)·블라디미르 일리치 레닌(Vladimir Ilich Lenin), 정영목 옮김,『지젝이 만난 레닌』(교양인, 2002/2008), 266쪽.

제3장   '정치적 올바름'의 생명은 겸손이다

1   마이클 르고(Michael LeGault), 임옥희 옮김,『싱크! 위대한 결단으로 이끄는 힘』(리더스북, 2006), 134~135쪽.

2   조던 피터슨(Jordan Peterson) 외, 조은경 옮김,『정치적 올바름에

대하여』(프시케의숲, 2018/2019), 95쪽.

3   조던 피터슨(Jordan Peterson) 외, 조은경 옮김, 『정치적 올바름에 대하여』(프시케의숲, 2018/2019), 15~16쪽.

4   조던 피터슨(Jordan Peterson) 외, 조은경 옮김, 『정치적 올바름에 대하여』(프시케의숲, 2018/2019), 146~147쪽.

5   조던 피터슨(Jordan Peterson) 외, 조은경 옮김, 『정치적 올바름에 대하여』(프시케의숲, 2018/2019), 20~21쪽.

6   조던 피티슨(Jordan Peterson) 외, 조은경 옮김, 『정치적 올바름에 대하여』(프시케의숲, 2018/2019), 92~93쪽.

7   조던 피터슨(Jordan Peterson) 외, 조은경 옮김, 『정치적 올바름에 대하여』(프시케의숲, 2018/2019), 66쪽.

8   조던 피터슨(Jordan Peterson) 외, 조은경 옮김, 『정치적 올바름에 대하여』(프시케의숲, 2018/2019), 67~68쪽.

9   조던 피터슨(Jordan Peterson) 외, 조은경 옮김, 『정치적 올바름에 대하여』(프시케의숲, 2018/2019), 124~125쪽.

10   조던 피터슨(Jordan Peterson) 외, 조은경 옮김, 『정치적 올바름에 대하여』(프시케의숲, 2018/2019), 73, 173쪽.

11   고재열, 「젊은 꼰대들에게」, 『경향신문』, 2021년 12월 9일.

12   배두헌, 「尹 '장애우' 표현에…與 "망언", 정의 "낯부끄러운 일"」, 『헤럴드경제』, 2021년 12월 13일.

13   김정우, 「與 "비수 꽂는 망언"이라는데…이재명·추미애도 4년 전 '장애우' 표현」, 『TV조선 뉴스』, 2021년 12월 13일.

14   조던 피터슨(Jordan Peterson) 외, 조은경 옮김, 『정치적 올바름에 대하여』(프시케의숲, 2018/2019), 95쪽.

제4장   SNS가 규제하는 '유치원 국가'가 좋은가?

1   강준만, 「왜 일본은 '유치원 국가'인가?」, 『세계문화의 겉과 속』(인물과사상사, 2012), 850~855쪽.

2   조너선 하이트(Jonathan Haidt)·그레그 루키아노프(Greg Lukianoff), 왕수민 옮김, 『나쁜 교육: 덜 너그러운 세대와 편협한 사회는 어떻게 만들어지는가』(프시케의숲, 2018/2019), 20쪽.

3   조너선 하이트(Jonathan Haidt)·그레그 루키아노프(Greg Lukianoff), 왕수민 옮김, 『나쁜 교육: 덜 너그러운 세대와 편협한 사회는 어떻게 만들어지는가』(프시케의숲, 2018/2019), 21쪽.

4   조너선 하이트(Jonathan Haidt)·그레그 루키아노프(Greg Lukianoff), 왕수민 옮김, 『나쁜 교육: 덜 너그러운 세대와 편협한 사회는 어떻게 만들어지는가』(프시케의숲, 2018/2019), 49쪽.

5   조너선 하이트(Jonathan Haidt)·그레그 루키아노프(Greg Lukianoff), 왕수민 옮김, 『나쁜 교육: 덜 너그러운 세대와 편협한 사회는 어떻게 만들어지는가』(프시케의숲, 2018/2019), 22~23쪽.

6   진 트웬지(Jean M. Twenge), 김현정 옮김, 『iGen #i세대: 스마트폰을 손에 쥐고 자란 요즘 세대 이야기』(매일경제신문사, 2017/2018).

7   조너선 하이트(Jonathan Haidt)·그레그 루키아노프(Greg Lukianoff), 왕수민 옮김, 『나쁜 교육: 덜 너그러운 세대와 편협한 사회는 어떻게 만들어지는가』(프시케의숲, 2018/2019), 253~254쪽.

8   조너선 하이트(Jonathan Haidt)·그레그 루키아노프(Greg Lukianoff), 왕수민 옮김, 『나쁜 교육: 덜 너그러운 세대와 편협한 사회는 어떻게 만들어지는가』(프시케의숲, 2018/2019), 254쪽.

9   유재동, 「"페북, 어린이에 해 끼치고 분열 조장"···내부고발자 잇단 폭로」, 『동아일보』, 2021년 10월 6일.

10 정시행, 「"NYT에 쓴 그 때 그 칼럼, 제가 틀렸습니다" 대표 필진 8명 반성문」, 『조선일보』, 2022년 7월 23일.

11 조너선 하이트(Jonathan Haidt)·그레그 루키아노프(Greg Lukianoff), 왕수민 옮김, 『나쁜 교육: 덜 너그러운 세대와 편협한 사회는 어떻게 만들어지는가』(프시케의숲, 2018/2019), 255~256쪽.

12 조너선 하이트(Jonathan Haidt)·그레그 루키아노프(Greg

Lukianoff), 왕수민 옮김, 『나쁜 교육: 덜 너그러운 세대와 편협한 사회는 어떻게 만들어지는가』(프시케의숲, 2018/2019), 261쪽.

13 조너선 하이트(Jonathan Haidt)·그레그 루키아노프(Greg Lukianoff), 왕수민 옮김, 『나쁜 교육: 덜 너그러운 세대와 편협한 사회는 어떻게 만들어지는가』(프시케의숲, 2018/2019), 266쪽.

14 조너선 하이트(Jonathan Haidt)·그레그 루키아노프(Greg Lukianoff), 왕수민 옮김, 『나쁜 교육: 덜 너그러운 세대와 편협한 사회는 이떻게 만들어지는가』(프시케의숲, 2018/2019), 267쪽.

15 조너선 하이트(Jonathan Haidt)·그레그 루키아노프(Greg Lukianoff), 왕수민 옮김, 『나쁜 교육: 덜 너그러운 세대와 편협한 사회는 어떻게 만들어지는가』(프시케의숲, 2018/2019), 18쪽.

16 조너선 하이트(Jonathan Haidt)·그레그 루키아노프(Greg Lukianoff), 왕수민 옮김, 『나쁜 교육: 덜 너그러운 세대와 편협한 사회는 어떻게 만들어지는가』(프시케의숲, 2018/2019), 343쪽.

17 조너선 하이트(Jonathan Haidt)·그레그 루키아노프(Greg Lukianoff), 왕수민 옮김, 『나쁜 교육: 덜 너그러운 세대와 편협한 사회는 어떻게 만들어지는가』(프시케의숲, 2018/2019), 356쪽.

18 조너선 하이트(Jonathan Haidt)·그레그 루키아노프(Greg Lukianoff), 왕수민 옮김, 『나쁜 교육: 덜 너그러운 세대와 편협한 사회는 어떻게 만들어지는가』(프시케의숲, 2018/2019), 357쪽.

19 진 트웬지(Jean M. Twenge), 김현정 옮김, 『iGen #i세대: 스마트폰을 손에 쥐고 자란 요즘 세대 이야기』(매일경제신문사, 2017/2018), 260쪽.

20 진 트웬지(Jean M. Twenge), 김현정 옮김, 『iGen #i세대: 스마트폰을 손에 쥐고 자란 요즘 세대 이야기』(매일경제신문사, 2017/2018), 260~261쪽.

21 조너선 라우시(Jonathan Rauch), 조미현 옮김, 『지식의 헌법: 왜 우리는 진실을 공유하지 못하는가』(에코리브르, 2021), 57쪽.

22 조너선 하이트(Jonathan Haidt)·그레그 루키아노프(Greg Lukianoff), 왕수민 옮김, 『나쁜 교육: 덜 너그러운 세대와 편협한 사

회는 어떻게 만들어지는가』(프시케의숲, 2018/2019), 362~364쪽.

제5장 '마이크로어그레션'과 '가해자 지목 문화'

1   강준만, 「왜 명절은 '끔찍한 고문'의 잔치판이 되는가?: 마이크로
    어그레션」, 『습관의 문법: 세상을 꿰뚫는 이론 7』(인물과사상사,
    2019), 235~241쪽 참고.
2   손광균, 「그리운 추석 고문의 추억」, 『중앙일보』, 2015년 10월 2일.
3   이영희, 「명절, "나는 너의 편이야"라고 말하는 날」, 『중앙일보』,
    2015년 2월 18일.
4   임수연, 「명절에 하는 거짓말 1위는 "연봉 많이 받는다"」, 『엑스포츠』,
    2013년 2월 10일.
5   김경학·김선영·김서영, 「조카들에 "취업은 언제 하냐, 결혼은?"…
    설 연휴 스트레스 주는 말 피하기」, 『경향신문』, 2015년 2월 18일.
6   「Microaggression」, 『Wikipedia』; 정이나, 「'빈지 워치' '포토밤' 신
    조어 1천여 개 메리엄웹스터 등재」, 『뉴스1』, 2017년 2월 8일.
7   문세영, 「악의 없는 공격도 상처 된다」, 『코메디닷컴』, 2018년 1월
    16일.
8   김은하, 김지수, 박한솔, 김도연, 김수용, 「직장 내 성차별 경험, 정
    당한 세상에 대한 믿음, 우울에 대한 연구: 척도 개발 및 매개 효과
    분석」, 『한국심리학회지: 여성』, 22(4), 2017.12, 645~646쪽.
9   이조은, 「캠퍼스 인종차별, 아시안도 미묘한 '왕따'」, 『뉴욕중앙일
    보』, 2015년 11월 19일.
10 박준호, Lawrence Gerstein, Deborah Miller, 「대학생 동성애 상담:
    상담자 훈련을 위한 체계적 모델의 활용」, 『인간이해』, 35(1), 2014,
    63쪽.
11 Allie George, 「트랜스젠더 학생을 대하는 교사를 위한 가이드」, 『ㅍ
    ㅍㅅㅅ』, 2017년 2월 17일.
12 마크 릴라(Mark Lilla), 전대호 옮김, 『더 나은 진보를 상상하라: 정

치성 정치를 넘어](필로소픽, 2017/2018), 94~95쪽. 미국은 물론 유럽에서도 큰 화제가 된 릴라의 PC 비판에 대한 논의는 이졸데 카림(Isolde Charim), 이승희 옮김, 『나와 타자들: 우리는 어떻게 타자를 혐오하면서 변화를 거부하는가』(민음사, 2018/2019), 265~269쪽 참고.

13 김환영, 「'미세 갑질'에도 눈살 찌푸리는 시대 올까?」, 『중앙일보』, 2015년 12월 12일.

14 홍상지·여성국·김정연, 「여자는 꾸며야…예쁜데 일도 잘해…미투 키우는 작은 차별」, 『중앙일보』, 2018년 3월 26일.

15 장수경, 「미세먼지처럼 해롭고 만연한 '먼지 차별' 당신은?」, 『한겨레』, 2018년 4월 11일.

16 조너선 하이트(Jonathan Haidt)·그레그 루키아노프(Greg Lukianoff), 왕수민 옮김, 『나쁜 교육: 덜 너그러운 세대와 편협한 사회는 어떻게 만들어지는가』(프시케의숲, 2018/2019), 78~79쪽.

17 조너선 하이트(Jonathan Haidt)·그레그 루키아노프(Greg Lukianoff), 왕수민 옮김, 『나쁜 교육: 덜 너그러운 세대와 편협한 사회는 어떻게 만들어지는가』(프시케의숲, 2018/2019), 84~85쪽.

18 조너선 하이트(Jonathan Haidt)·그레그 루키아노프(Greg Lukianoff), 왕수민 옮김, 『나쁜 교육: 덜 너그러운 세대와 편협한 사회는 어떻게 만들어지는가』(프시케의숲, 2018/2019), 80~81쪽.

19 조너선 하이트(Jonathan Haidt)·그레그 루키아노프(Greg Lukianoff), 왕수민 옮김, 『나쁜 교육: 덜 너그러운 세대와 편협한 사회는 어떻게 만들어지는가』(프시케의숲, 2018/2019), 81쪽.

20 조너선 하이트(Jonathan Haidt)·그레그 루키아노프(Greg Lukianoff), 왕수민 옮김, 『나쁜 교육: 덜 너그러운 세대와 편협한 사회는 어떻게 만들어지는가』(프시케의숲, 2018/2019), 82~83쪽.

21 강준만, 「왜 "민주주의는 차이를 축하하는 면허 이상의 것"인가?: 정체성 정치」, 『습관의 문법: 세상을 꿰뚫는 이론 7』(인물과사상사, 2019), 277~281쪽 참고.

22 조너선 하이트(Jonathan Haidt)·그레그 루키아노프(Greg

Lukianoff), 왕수민 옮김, 『나쁜 교육: 덜 너그러운 세대와 편협한 사회는 어떻게 만들어지는가』(프시케의숲, 2018/2019), 130~131쪽.

23 강준만, 「왜 '조용필 열풍'에 반론을 제기할 수 없었는가?: 침묵의 나선 이론」, 『감정 독재: 세상을 꿰뚫는 50가지 이론』(인물과사상사, 2013), 249~256쪽 참고.

24 조너선 하이트(Jonathan Haidt)·그레그 루키아노프(Greg Lukianoff), 왕수민 옮김, 『나쁜 교육: 덜 너그러운 세대와 편협한 사회는 어떻게 만들어지는가』(프시케의숲, 2018/2019), 131쪽.

25 또 다른 학생은 "저는 제가 하고 싶은 말의 90퍼센트는 삼키는 것 같아요. 가해자로 지목당할까 두려워서요"라면서 다음과 같이 말했다. "사람들은 잘못된 견해를 가졌다는 이유로 누군가를 가해자로 지목하는 게 아니에요. 말 그대로 어떤 것으로든 지목을 해내죠. 오늘 트위터를 하다가 우연히 한 여자애가 어떤 사람에게 놀림당하는 걸 보았어요. 그 여자애가 찍어 올린 동영상에는 자기가 하나님을 정말 사랑하고, 모두를 위해 늘 기도한다는 이야기가 들어 있었죠. 동영상 아래로 댓글이 수백 개가 달렸어요. 하나같이 무례한 댓글이었어요. 중요한 건, 심지어 사람들은 그 여자애가 하는 얘기를 가지고 놀리는 게 아니었다는 거예요. 모든 걸 샅샅이 헤집어 놀려댔죠. 눈썹이 어떻다느니, 말할 때 입술이 어떻게 움직인다느니, 목소리가 어떻다느니, 머리 모양이 어떻다느니 하면서요. 정말 어이없는 일이었어요." 조너선 하이트(Jonathan Haidt)·그레그 루키아노프(Greg Lukianoff), 왕수민 옮김, 『나쁜 교육: 덜 너그러운 세대와 편협한 사회는 어떻게 만들어지는가』(프시케의숲, 2018/2019), 131~133쪽.

26 조너선 하이트(Jonathan Haidt)·그레그 루키아노프(Greg Lukianoff), 왕수민 옮김, 『나쁜 교육: 덜 너그러운 세대와 편협한 사회는 어떻게 만들어지는가』(프시케의숲, 2018/2019), 358~359쪽.

27 조너선 하이트(Jonathan Haidt)·그레그 루키아노프(Greg Lukianoff), 왕수민 옮김, 『나쁜 교육: 덜 너그러운 세대와 편협한 사회는 어떻게 만들어지는가』(프시케의숲, 2018/2019), 359쪽.

28   조너선 하이트(Jonathan Haidt) · 그레그 루키아노프(Greg Lukianoff), 왕수민 옮김, 『나쁜 교육: 덜 너그러운 세대와 편협한 사회는 어떻게 만들어지는가』(프시케의숲, 2018/2019), 360쪽.

29   진 트웬지(Jean M. Twenge), 김현정 옮김, 『iGen #i세대: 스마트폰을 손에 쥐고 자란 요즘 세대 이야기』(매일경제신문사, 2017/2018), 417~418쪽.

30   이유진, 「"페미니즘은 기존의 환경 · 계급에 대한 대안적 진보다"」, 『한겨레』, 2005년 11월 11일, 27면.

31   정희진, 『페미니즘의 도전』(교양인, 2005), 23쪽.

제6장 '언더도그마'와 '약자 코스프레'의 악순환

1   이지행, 『BTS와 아미 컬처』(커뮤니케이션북스, 2019), 195쪽.

2   Neil Ewart, 『Everyday Phrases: Their Origins and Meanings』(Poole · Dorset, UK: Blandford Press, 1983), p.51.

3   여준상, 「Underdog Marketing: 열정과 의지로 약점을 극복하라!」, 『DAEHONG COMMUNICATIONS』, 217호(2011년 11~12월), 62~65쪽.

4   마이클 프렐(Michael Prell), 박수민 옮김, 『언더도그마: 강자가 말하는 '약자의 본심'』(지식갤러리, 2011/2012), 20~21쪽.

5   마이클 프렐(Michael Prell), 박수민 옮김, 『언더도그마: 강자가 말하는 '약자의 본심'』(지식갤러리, 2011/2012), 90쪽.

6   자크 포르트(Jacques Portes), 변광배 옮김, 『오늘의 미국, 여전히 세계의 주인인가?』(현실문화, 2003/2009).

7   마이클 프렐(Michael Prell), 박수민 옮김, 『언더도그마: 강자가 말하는 '약자의 본심'』(지식갤러리, 2011/2012), 39쪽.

8   마이클 프렐(Michael Prell), 박수민 옮김, 『언더도그마: 강자가 말하는 '약자의 본심'』(지식갤러리, 2011/2012), 127쪽.

9   『시카고트리뷴』(2005년 11월 3일)은 "윈프리는 더이상 언더도그가

아니지만 계속 자신을 언더도그와 연결 짓는다"고 했다. 마이클 프렐(Michael Prell), 박수민 옮김, 『언더도그마: 강자가 말하는 '약자의 본심'』(지식갤러리, 2011/2012), 129~130쪽.

10 이에 대해 프렐은 이렇게 말한다. "미국인은 언더도그를 매우 좋아해서 매주 3,000만~5,000만이 (대개는 가난한) 언더도그 아마추어가 메이저 음반사와의 계약할 희망을 안고 노래하는 모습을 보기 위해 TV 앞에 앉는다. 하지만 빌보드 차트에 오른 〈어메리칸 아이돌〉 톱10의 앨범을 사는 사람은 매주 평균 120만 명밖에 되지 않는다." 마이클 프렐(Michael Prell), 박수민 옮김, 『언더도그마: 강자가 말하는 '약자의 본심'』(지식갤러리, 2011/2012), 127~128쪽.

11 마이클 프렐(Michael Prell), 박수민 옮김, 『언더도그마: 강자가 말하는 '약자의 본심'』(지식갤러리, 2011/2012), 144쪽.

12 마이클 프렐(Michael Prell), 박수민 옮김, 『언더도그마: 강자가 말하는 '약자의 본심'』(지식갤러리, 2011/2012), 145쪽.

13 안승진, 「"약점 찾아야"…서울교통公, '장애인 단체 시위' 대응 문건 공유 논란」, 『세계일보』, 2022년 3월 17일.

14 김명일, 「"임종 지키러 간다는 시민에 버스 타라?" 이준석, 연일 장애인 단체 비판」, 『조선일보』, 2022년 3월 26일.

15 마이클 프렐(Michael Prell), 박수민 옮김, 『언더도그마: 강자가 말하는 '약자의 본심'』(지식갤러리, 2011/2012), 107~108쪽.

16 강성원, 「유시민 "야권의 집권, 정치권력만 잡은 것일 뿐"」, 『미디어오늘』, 2017년 5월 6일.

17 「Siege mentality」, 『Wikipedia』.

18 Tamar Liebes, 「Israel」, Klaus Bruhn Jensen ed., 『News of the World: World Cultures Look at Television News』(London: Routledge, 1998), p.102.

19 손진석, 「"세종대왕 말 생각해보라" 文 내로남불 비판한 英 이코노미스트」, 『조선일보』, 2020년 8월 23일.

20 손희정, 「그 사내다움에 대하여: 음모론 시대의 남성성과 검사 영화」, 정희진 외, 『지금 여기의 페미니즘 X 민주주의』(교유서가,

2018), 204쪽.

21 천관율, 「[이해찬 독점 인터뷰 1] 나는 왜 20년 집권을 말했나」, 『시사IN』, 2020년 9월 14일.

22 진중권, 『진보는 어떻게 몰락하는가: 저들은 대체 왜 저러는가?』(천년의상상, 2020), 273쪽.

23 손진석, 「'피포위'에 사로잡힌 親文」, 『조선일보』, 2020년 8월 27일, A34면.

24 박재항, 『반전의 품격』(위북, 2021), 99~100쪽.

정치적
올바름
ⓒ 강준만, 2022

초판 1쇄 2022년 9월 23일 찍음
초판 1쇄 2022년 9월 30일 펴냄

지은이 | 강준만
펴낸이 | 강준우
기획·편집 | 박상문, 김슬기
디자인 | 최진영
마케팅 | 이태준
관리 | 최수향
인쇄·제본 | 제일프린테크

펴낸곳 | 인물과사상사
출판등록 | 제17-204호 1998년 3월 11일

주소 | (04037) 서울시 마포구 양화로7길 6-16 서교제일빌딩 3층
전화 | 02-325-6364
팩스 | 02-474-1413

www.inmul.co.kr | insa@inmul.co.kr

ISBN 978-89-5906-645-2 03300

값 14,000원